Tina Benaglio   Carlo Bonetti

NON SEMPRE L'ORO LUCCICA
(Nella Costituzione, nella Sanità, in Famiglia)

ISBN 978-1-4478-4080-0

Prima edizione : settembre 2011

Indice

PRESENTAZIONE

Il libro è l'estratto di un ponderoso volume da noi già pubblicato, e intitolato *Costruire la città* (*Impresa civica: Persona-e-Comunità*). Ma, per rendere più disponibile il contenuto di quel volume, abbiamo scelto di ripubblicarlo diviso in parti. Il presente libro è una di queste parti. Evidentemente, a causa della ripartizione da noi fatta, esso porta i segni dell'appartenenza a quel volume. Tanto da obbligarci a richiamare qua e là alcuni concetti in quello contenuti. Senza di che sarebbe impossibile comprendere talune espressioni da noi usate nell'illustrare il nostro punto di vista.

Il libro è composto di un Prologo, quattro Capitoli, un Epilogo e due Appendici. Anziché anticipare il loro contenuto, riteniamo invece più opportuno far sapere di che si tratta quando parliamo di *Impresa civica e* di *Persona-e-Comunità*. Per cui, in estrema sintesi, di entrambi questi concetti ne diamo notizia.

Applichiamo la locuzione "Impresa civica" ad ogni azione fatta dai cittadini in comune e che abbia come scopo la costruzione sociopolitica sia di sé che della comunità in cui vivono. E, questo, indipendentemente dalla più o meno ampiezza dell'opera intrapresa e, neppure, dalla più o meno vistosità dei risultati conseguiti. In altre parole, vi è per noi "impresa civica" quando il cittadino ("eletto" o "elettore" che sia) s'adopera in un'azione (fatta in comune con altri concittadini) a partire dalla *concezione politica* di sé, ovverossia, dalla concezione ontologica del suo *"essere*-città". Concezione, questa, che (nella responsabilità personale di diritti e doveri) è tutt'uno con la *sovranità politica* del cittadino, quella sovranità in virtù della quale si è soliti dire che egli, del potere politico, ne è la *fonte*.

9

Da notare inoltre che il cittadino non potrebbe avere-città (il modo d'essere dell'antropologia) se egli non fosse-città (il modo d'essere dell'ontologia[1]). E si può comprendere, per approssimazione, la differenza che vi è tra l'avere-città e l'essere-città se si pensa alla differenza esistente tra l'essere-abitante e l'essere-cittadino. Per l'abitante, l'ambiente che lo ospita è il *territorio* in cui "conduce la vita" solo *di passaggio*, là dove cioè fa il turista, o dove s'industria a comprare e vendere le merci, e cose simili. Per il cittadino, invece, l'ambiente che lo ospita è "patria", la terra che permane eterna nell'animo quale "incarnazione" del potere di vita ereditato dai "padri", potere che è al contempo necessità e orgoglio di essere-patria, quale è l'essenza vitale racchiusa nel *"Civis romanus sum"* che, a tradurlo debitamente, suona: *"Io-sono-Roma!"*.

Per meglio rendere evidente che cosa intendiamo per sovranità personale del cittadino, abbiamo riportato nel Prologo il resoconto di due azioni politiche a cui noi diamo il nome di "impresa civica". E oggi si potrebbe portare ad esempio di "Impresa civica" anche la rivendicazione e riappropriazione del "potere civico" (ossia della "sovranità politica del cittadino"), che è quanto la società civile ha fatto nel promuovere e organizzare quattro referendum: l'*istituzione politica* che la concezione puramente amministrativa dell'agire politico aveva da tempo buttato fuori scena.

Per quanto riguarda, invece, la locuzione "Persona-e-Comunità", a comprenderne il senso occorre tener presente che, nel nostro discorso, il termine "cittadino" va preso sempre come "concittadino". (Anche se, nel libro, abbiamo noi stessi, quasi sempre, infranto il nostro intendimento usando semplicemente il

---

[1] Quanto stiamo dicendo del rapporto tra ontologia e antropologia si applica ad ogni cosa (reale o immaginaria che sia). Ad esempio: non si può avere-corpo se non si è-corpo; non si può avere-comunità se non si è-comunità, e via di questo passo. Anche se c'è chi afferma ("cadendo in follia", direbbe il filosofo Emanuele Severino) che l'essere si fonda sull'agire, ossia sul divenire, portando a motivo che tutto-diviene e nulla-è.

10

termine "cittadino"). Lo stesso dicasi del termine "uomo", che non va preso "in astratto" bensì "in concreto", in quanto al mondo non esiste "l'uomo", ma esistono "gli uomini"! Pertanto, i termini "uomo" e "persona" da noi usati, vanno intesi al *plurale* e cioè come "comunità umana", o "condizione umana", o "comune umanità". Concetto di "pluralità" a cui noi preferiamo dare il nome di "Persona-e-Comunità".

PROLOGO

Primo resoconto di Impresa civica

Il racconto va letto come "resoconto" di un testuale "fatto di cronaca". Diciamo "testuale" a motivo dell'esserne stati "testimoni" in quanto personalmente coinvolti.

Il resoconto descrive ciò che è capitato a un gruppo di anziani che hanno deciso di "mettersi in proprio" nell'intento di costituire una "comunità di vita" totalmente altra rispetto alla "vita ricoverata" dell'anziano in un qualche Istituto. Un gruppo che non è numeroso dato che, tra membri effettivi e affiliati simpatizzanti, non si va oltre le quindici persone. Tutte fortunatamente autosufficienti. Alcune di loro ancora sposate, altre prive di moglie o marito, e altre celibi. Queste persone, pur dimorando ognuna nella propria casa, hanno come "casa comune", in cui riunirsi a leggere, giocare, discutere, un'ampia stanza che una delle coppie ha messo a disposizione di tutti. Ciò che maggiormente caratterizza la vita del gruppo è il fatto che, nelle varie incombenze o vicissitudini dell'umana esistenza, si comportano come solerte comunità di "mutuo soccorso". Che ne sarà di loro quando non saranno più autosufficienti è difficile prevederlo. Per ora è già di somma importanza politico-sociale il fatto di essersi così costituiti. Lo è per la motivazione che essi stessi ne danno: "Siamo anziani, ma non vogliamo per questo fare, prima del tempo, la fine degli assistiti".

L'Assistente Sociale che venne a sapere dell'esistenza del gruppo non la pensava certamente come Nietzsche, per il quale il "sì!" detto dall'uomo alla vita risulta più utile e fecondo quando, a determinarlo, è il criterio di "autonomia e libertà" piuttosto che quello di "gioia e dolore". E lei, non pensandola come Nietzsche,

13

corse dall'Assessore alle Politiche Sociali a dire quanto fosse utile, per quegli anziani, il mettersi sotto la protezione del Comune. Il motivo per cui, immediatamente, l'Assessore fece loro sapere del desiderio che aveva di volerli incontrare.

Siamo a colloquio. L'Assessore, dopo aver elogiato la loro eccellente iniziativa, dice che, proprio perché eccellente, egli l'avrebbe "sponsorizzata", non solo mettendo a loro disposizione un'Assistente Sociale, ma anche che, qualora fosse stato necessario, avrebbe fatto avere loro i finanziamenti comunali. (È il linguaggio tipico dell'uomo di potere che "sostituisce il sociale al politico", come dice la Arendt, di modo che il Comune, da Istituzione politico-amministrativa, diventa l'amministrazione di una Azienda di Servizi in cui il senso politico del bene da amministrare non c'è più. Ridotto solo al bisogno che aggrava la vita).

Gli anziani, dopo aver ascoltato la proposta dell'Assessore, gli dissero che prima ne avrebbero discusso tra loro, impegnandosi a dare quanto prima una risposta. E la risposta è scritta in un documento che inizia constatando un'amara realtà. Quella cioè di vedere che, nel quartiere in cui abitano, chi ha un anziano in casa non più autosufficiente, o un figlio disabile, quel triste guaio è visto e vissuto da tutta la popolazione come un problema che è solo di chi ce l'ha. Dopo questa premessa, ecco il cuore della risposta data all'Assessore: «Non abbiamo nulla in contrario ad avere tra noi un'Assistente Sociale o a ricevere dei finanziamenti, purché sia l'una che l'altra cosa servano a promuovere la cultura dell'anziano in paese. E, quindi, a far sapere a tutti i cittadini che la nostra scelta non è nata da un bisogno di assistenza, bensì dal voler essere padroni di noi stessi. E se il Comune intende fare di noi degli "assistiti", è bene che sappia che noi, invece, ci riteniamo e siamo, di diritto, "cittadini". In conclusione, quello che noi vogliamo è che tutto il quartiere sappia come la pensiamo. E vorremmo anche che il Comune comprendesse quanto sia utile a tutti, Lui compreso, che siano gli anziani a parlare ai giovani di che cosa vuol dire essere anziani, e non, viceversa!».

Sarebbe cosa onorata poter registrare che l'Assessore alle Politiche Sociali ha capito il discorso che gli è stato fatto. Ma non è così. Per capire, bisogna avere una *visione politica della Politica*, ciò che quell'Assessore non aveva. Infatti, il Bene (politico o meno che sia) costruisce e costituisce la Pólis unicamente se è visto come *eredità di bene comune* che, nel venire dal passato, va conservato e ingrandito nel presente, onde farne premessa di un futuro che sia *vita migliore per tutti*.

Secondo resoconto di Impresa civica

Nel libro affermiamo più volte che l'antropologia dell'*avere* ha da restare fondata sull'ontologia dell'*essere*. Da cui consegue che *abbiamo* "Istituzione civica" solo perché *siamo* "Istituzione civica"! Concetto che, purtroppo, nella testa della gente non c'è, come si può constatare al vedere che ne pensa dell'Istituzione pubblica in genere. Infatti, per la maggior parte dei cittadini, "Istituzione pubblica", sono solo quelli che in essa comandano, mentre chi dentro vi lavora è solo un dipendente, e chi ne sta fuori è soltanto "consumatore-cliente".

Il resoconto che stiamo per fare riguarda un fatto accaduto in un paese del Nord-Est. Un fatto in cui è, al contempo, possibile vedere tre elementi che rientrano nel concetto di "Impresa civica", ossia: che cosa intendiamo per "azione politica", per "formazione politica del cittadino", e per "natura politica di un determinato bene".

Un'Assistente Sociale, nel prendersi a cuore la vita delle famiglie con a carico una persona disabile, è riuscita a unirle tra loro fino a farne un gruppo organizzato di "mutuo sostegno". Con sede vagante, visto che si trovano a parlare dei loro problemi in questa o quella casa dei membri appartenenti al gruppo. Chi più di ogni altro ne trae vantaggio sono le persone anziane con in casa un figlio disabile, e alcune donne rimaste sole ad accudirvi perché vedove.

In una delle tante riunioni venne fuori la proposta di allargare il gruppo, creando un unico "Centro aggregato di gruppi" da mettere in piedi anche nei paesi vicini. La proposta non ebbe seguito, perché a bloccarla ci si mise l'Assistente Sociale. Ma, sia detto ad onor del vero, ad essere contraria non era lei, bensì l'Assessore alle Politiche Sociali a nome del quale essa parlava. La nuda verità venne alla luce quando, un anno dopo l'imposto silenzio, una giovane donna con il figlio disabile e pratica di volontariato, si prese a cuore l'antica proposta e, senza interpellare nessuno, si recò nei paesi vicini, passando di famiglia in famiglia, a illustrare il problema e la sua comune utilità.

L'Assessore in questione, quando seppe della cosa, andò lui stesso nella casa di quella giovane donna a rimproverarla per quanto aveva fatto. E nel diverbio gli sfuggì una frase che è tutto un programma di "assistenza malnata". «Che ci stiamo a fare noi se poi c'è chi fa al nostro posto?!» La giovane donna, per nulla intimorita, continuò imperterrita per la sua strada rivolgendosi ad alcuni amici (tra questi, anche noi) affinché l'aiutassero a portare avanti la sua impresa: "Impresa civica", appunto.

Prima però di procedere oltre nel racconto, proprio per comprendere a pieno l'azione politica di quella donna, conviene soffermarsi un poco a parlare della "disabilità". Non tanto di essa in generale (perché il discorso sarebbe troppo lungo), ma a far presente, sia pur brevemente, la desolata esistenza che vive una madre il cui figlio le è nato con una grave menomazione. In quanto, nel "naturale" dei casi, il figlio che ogni famiglia attende è quello sognato al limite dell'ideale: sano e bello, che fa dire ad ogni madre "sei il mio sole!". Ed è naturale, perché nulla più del desiderio ideale ci dispone ad accogliere la vita che nasce. Si comprende perciò come, nei genitori, assieme alla gioia per la nascita di un figlio, si accompagni anche l'attesa trepidante, nel timore che egli, magari, sia tanto "altro" dal figlio idealmente sognato[2].

La giovane donna di cui parla l'esempio voleva che, poco o tanto che fosse, l'amore di predilezione di cui vivono talune famiglie disabili, fosse conosciuto sia al suo paese che nei paesi vicini. Per cui si diede da fare perché le famiglie con un disabile a carico si costituissero come "Centro in rete". Una scelta che dava fastidio tanto all'Assessore delle Politiche Sociali del suo paese, come agli uguali Assessori dei paesi vicini. Una scelta avversata con furore, proprio perché era un'azione politica che non si appoggiava a nessun Partito. Che l'azione di quelle donna fosse chiaramente politica, lo si comprende sia nei discorsi con cui andava a sollecitare le famiglie a mettersi insieme, sia per come le andava ad organizzare. Il che metteva in evidente stato d'accusa gli uomini a Palazzo che dell'Assistenza ne avevano solo una concezione amministrativa. (In quanto si ritenevano uomini politici solo perché erano stati votati per sedere a Palazzo[3]).

---

[2] Non intendiamo entrare in un dolore che non conosciamo, anche se ci è capitato spesso di esserne coinvolti. Solo chi ne è stato personalmente colpito sa quanto sia tremendo il tradimento fatto alla vita dalla nascita di un figlio disabile! Menomazione e dolore che spesso si protraggono per l'intera esistenza. E un dolore, quando è "per sempre", lo chiamiamo "inferno". Viviamo nella "inculturazione" di un mondo che ostenta dentro le case, giorno e notte, l'immagine di corpi da vendere e da comprare, sempre belli e vincenti. Compra-vendita aggravata dal fatto che la pervasiva potenza della Tecnica misura la verità del sapere e del fare solo in base all'efficienza del produrre perfetto, per cui il corpo umano che più ha valore è quello che più ha in sé la perfezione della macchina. Le famiglie con una persona disabile a carico vivono nella nostra società accerchiate da una sorda muraglia e da una muta voragine. Sì che il loro grido, al contempo disperato e colmo di amore di predilezione per il figlio così nato, quasi sempre muore soffocato.
[3] Un giorno uno di loro la redarguì dicendo che con la sua azione tagliava le gambe alle sedie dove stavano seduti come legittimi rappresentanti del popolo. Al che lei rispose: «io taglio le gambe ai troni, ma le sedie, per quanto malamente ridotte, cerco di tenerle in piedi!».

17

Avendo a nostra disposizione il testo di un discorso da lei fatto a un ristretto numero di persone che con lei più da vicino collaboravano, lo trascriviamo in alcune sue parti. Il titolo del testo è "Ce l'hanno con noi!".

«*Ce l'hanno con noi* [il soggetto sono "quelli" della Maggioranza in Consiglio Comunale] perché disturbiamo i loro sonni, la loro coscienza, e facciamo capire loro quello che non vogliono capire. Meglio: che capiscono eccome! Capiscono che noi ci battiamo perché i cittadini prendano coscienza del proprio potere. Non solo, ma li disturba anche che noi prendiamo in considerazione i cittadini perché con loro *ci litighiamo*. Ci litighiamo quando sono lì a rivendicare solo diritti, per nulla impegnati nella responsabilità di conquistarsi ciò che vogliono. Se si vuole che in Ospedale le liste d'attesa non siano a discrezione unicamente della Direzione Sanitaria, allora bisogna andare in gruppo dalla Direzione Sanitaria a vedere come e quando e perché ci sono i ritardi, e decidere che altro fare *pubblicamente*, tutti insieme.

Ce l'hanno con noi perché siamo dei cittadini impegnati ad agire con responsabilità, e abbiamo la testa più dura e le idee più fisse di quei cittadini che soltanto si lamentano. Noi non vogliamo favori, ma che ad ognuno sia dato, per diritto, ciò che è più conveniente per tutti.

Ce l'hanno con noi perché, colpiti da un'indicibile disgrazia, cerchiamo di dare senso alla vita al di là delle nostre sofferenze. Vogliono fare di noi i loro assistiti, ma non vi riusciranno, perché ormai abbiamo capito che senza libertà e autonomia non c'è umanità e neppure felicità. Loro invece non sanno quanto sarebbe necessario alla vita politica avere l'amore che ci è stato insegnato dal dolore che viviamo in casa.

Ce l'hanno con noi perché di noi hanno paura! E reagiscono con rabbia perché hanno capito molto bene il messaggio che diamo ai cittadini del nostro paese: che la *comunità politica* in cui vivono è *priva di amore e di giustizia*[4]»*.

[4] Si tenga presente che l'esempio da noi portato è di marca prettamente laica. Il che ci sollecita, nel confronto, di dire alcune parole sull'esperienza da noi fatta nel promuovere l'autoformazione politica del cittadino in associazioni legate alla Chiesa Cattolica. Poiché l'autoformazione politica di cui parliamo va contro la sostituzione del Politico da parte del Sociale, abbiamo riscontrato nei gruppi cattolici una resistenza di gran lunga superiore rispetto a quelli laici. Per cui ci siamo più volte chiesti se non sia utile e necessario che la Chiesa Cattolica faccia un passo indietro rispetto alla dichiarata volontà del Concilio Vaticano II che la vuole una Chiesa eminentemente "pastorale". Se tutti sono "pastori", che ne sarà dei "teologi"? Non c'è forse in questo il pericolo che al pensare si sostituisca il semplice fare? E che la ricerca di conquista sostituisca la ricerca di verità? Ma vi è in questa vicenda anche un altro pericolo, ed è che le tante Opere Pie della Chiesa Cattolica si ingigantiscano al punto di sostituire il diritto del cittadino (in virtù dell'essere "fonte di potere") con il debito di carità (in virtù dell'essere "oggetto del bisogno"). Sarebbe un bel guaio se il diritto di Famiglia e il diritto di Stato divenissero l'obolo di carità mendicato dalla Chiesa Cattolica nei riguardi dello Stato.

CAPITOLO I

LA PERSONA

Una necessaria avvertenza

Abbiamo detto nella presentazione che il libro è una parte di un altro libro da noi scritto e intitolato *Costruire la città*. In quel libro, nell'andare a parlare dell'agire civico che costruisce la città, abbiamo sostenuto che, in quella "civica impresa", i principali ostacoli da noi riscontrati sono tre: il nichilismo, il soggettivismo e la concezione puramente biologica dell'esistenza. E poiché il libro *Non sempre l'oro luccica*, in cui affrontiamo il secondo e terzo ostacolo (soggettivismo e concezione puramente biologica dell'esistenza), vengono dopo il discorso fatto sul nichilismo, del nichilismo è necessario parlarne, onde quei due ostacoli (vittime della "follia del divenire"), non finiscano vanificati nel baratro del nulla.

Nel parlare del nichilismo, l'autore preso a guida è il filosofo Emanuele Severino, di cui condividiamo l'analisi che egli fa della storia e della civiltà dell'Occidente. E poiché in *Costruire la città* parliamo del nichilismo in relazione all'agire politico, riteniamo che il modo migliore per restare in linea con quanto là abbiamo detto, sia quello di intrattenerci brevemente sul nichilismo rifacendoci a quello che pensa Severino dell'agire politico.

Severino, nei suoi scritti, parla sovente di politica. Tuttavia, qui noi ci atteniamo solo a quanto egli dice nel suo libro *Lezioni sulla Politica: i greci e la tendenza fondamentale del nostro*

21

tempo. (Edizioni Christian Marinotti, Varese 2002). Ponendo soprattutto attenzione a quale è per lui la motivazione originaria dell'istituzione della Pólis greca. Perché in tale motivazione si trova, secondo lui, la base della storia dell'Occidente.

Secondo Severino la politica è "conflitto". E la madre di ogni conflitto è il senso che il pensiero greco ha assegnato a "ciò che è", all'ente in quanto ente, ovverossia, alla "cosa". Che i Greci, per la prima volta, hanno pensato quale oscillazione tra essere e niente. Di modo che sussiste una guerra tra l'essere e il nulla nel loro contendersi l'essente. E ogni cosa, che permane più o meno a lungo nell'essere, già da quando al niente è strappata, al niente si accinge a tornare. Lungo l'intera storia del mondo occidentale permane la fede in questo senso estremo del divenire: il divenir-altro di ciò che è, la "cosa", in quanto appunto oscillazione tra l'essere e il niente.

Tale divenire è la matrice del dolore e dell'angoscia, non, in quanto ci colpisce, ma perché imprevedibile. Di modo che il rimedio consiste nella previsione assoluta: che nulla possa sopraggiungere, se non adeguandosi all'Ordinamento vero del mondo. Solo l'epistéme della verità (il sapere che non può essere smentito, e a cui tutte le cose – passate, presenti e future – devono adeguarsi) può annientare l'imprevedibilità del dolore, e quindi renderlo sopportabile. E, come la filosofia si difende dall'imprevedibilità del dolore evocando la verità quale Ordinamento del mondo con un sapere che non possa in alcun modo essere smentito (l'incontrovertibilità dell'epistéme), così la Politica (che, come la filosofia, nasce dal timore del dolore) «è la volontà di far vivere la pólis conformemente a quella verità che, vedendo l'Ordinamento vero del Tutto, prevede il futuro e rende sopportabile il dolore[5]». (Op. cit. p.48-49)

---

[5] Dunque, per Severino, il punto da cui partire per parlare del nichilismo (e con ciò del pensiero che sta alla base della storia e civiltà dell'Occidente) è il "folle" pensiero secondo cui è possibile divenire-altro da ciò che, per destino di verità, si-è. Almeno in nota ci sia concesso precisare ulteriormente il discorso che fa Severino sul rapporto tra la concezione

Questo è il motivo per cui, secondo Severino, «La politica – e l'etica – sono tipicamente greche. Non nel senso che prima dei Greci non ci fosse Stato o vita civile, ma nel senso che il rapporto tra la vita dello Stato (e, insieme, la vita dell'individuo) e verità è unicamente greco». (Op. cit. p. 83)

Di modo che, per Severino, la politica, nella nostra civiltà, nasce con i Greci, come volontà di adeguare l'agire della Pólis alla verità che s'illumina dall'epistéme[6]. «La politica è, per la tradizione occidentale, realizzare la vita dell'individuo all'interno della vera vita della Pólis, e cioè della vita che è conforme al vero senso dell'essere. [...] La politica, in quanto figlia legittima della filosofia, intende infatti costituire la vita della Pólis secondo una modalità assolutamente inaudita rispetto al modo in cui le società umane si sono configurate prima dei greci». (Op. cit. p. 46-47)

Ma, dice Severino, di contro all'urgenza dei problemi politici del nostro tempo, perché parlare cominciando dai primi pensatori greci? Perché, secondo Severino, non è possibile comprendere il significato autentico dei problemi del nostro tempo, se non

---

greca della "cosa" e la tecnica. L'ontologia greca (che vive ancor oggi) dice che le cose sono oscillanti tra il niente e il loro essere. Questo fa sì che le cose che sopraggiungono non abbiano rapporto con ciò che le accoglie. «Ciò che si fa avanti essendo stato un niente, è qualcosa di assolutamente separato da ciò che lo accoglie, cioè dalla dimensione in cui esso sopraggiunge». (Op. cit. p. 44). Dunque, l'ontologia greca ha alla base un pensiero che separa le cose dall'essere e dal niente, e quindi le separa anche tra di loro. È proprio in quanto sussiste tale separatezza radicale, che è possibile cominciare a pensare di avere potenza sulle cose, di potere cioè agire per far passare le cose dal non-essere all'essere e viceversa. La tecnica, cioè la più grande volontà di potenza attuale, è ciò a cui l'uomo oggi si rivolge chiedendo "Fa la mia volontà: salvami su questa terra!". Una richiesta che presto diventerà: "Sia fatta la tua volontà!" Proprio perché la tecnica, che ha come fine il diventare sempre più potenza, non ne sia, dalla nostra volontà di uomini, in questo limitata.

[6] Secondo il pensiero di Severino, quando chi agisce conformemente alla verità dell'episteme è l'individuo, si parla di "etica", quando invece è la Pólis, si parla di politica.

capiamo il senso della verità portato alla luce per la prima volta dai Greci. «Pensare il senso della verità: bisogna ricordarlo agli sprovveduti, per i quali il sapere filosofico è antiquariato che non ha nulla a che vedere con i problemi del nostro tempo. I problemi del nostro tempo mostrano il loro significato autentico solo se si riesce a scorgere la cascata che trascina dalla conflittualità del nostro tempo all'imporsi della tecnica e all'emarginazione delle grandi ideologie del passato, e da questa all'emarginazione del pensiero filosofico, [...] del senso filosofico della verità». (Op cit. p. 69)

Occorre qui ricordare che, per Severino, l'autentico significato del nichilismo, significato tuttora inesplorato, sta nella persuasione, che investe tutta la storia dell'Occidente – sia nel pensare che nell'agire – che le cose cioè siano state e tornino ad essere niente. «Pensare che le cose – ossia ciò che non è niente – siano state e tornino ad essere niente, significa pensare un tempo in cui il non niente (cioè l'ente) è niente. Questo [...] è il *vero* significato del nichilismo: esso domina, tuttora inesplorato, la storia dell'Occidente e gli stessi tentativi di scoprire il senso autentico del nichilismo». (Gli abitatori del tempo. La struttura dell'Occidente e il nichilismo, Ed. Rizzoli 2009, p. 173)

La persuasione che le cose passino dal non-essere all'essere è radicata in ciò che il mondo Occidentale considera la più solida "evidenza": il divenir-altro delle cose. Ma questo "divenir-altro" implica il passaggio dal non-essere all'essere, ossia, come abbiamo visto nelle parole di Severino, "significa pensare un tempo in cui il non niente (cioè l'ente) è niente". Ed è proprio in questo pensare un tempo in cui *l'ente* può essere *niente* che consiste ciò che Severino chiama la "follia" dell'Occidente, perché implica l'identificazione dei non-identici: ente e non-ente. Ma poiché la follia si mostra solo all'interno della non-follia, la follia dell'Occidente può costituirsi solo all'interno della negazione di tale follia. Cioè a dire, la fede nel divenire si può costituire solo sullo sfondo dell'apparire dell'essente-eterno. Un essente-eterno che è una eterna e finita manifestazione dell'eterno e del destino (intendendo per de-stino ciò che sta e che non può essere smentito da nessuno, uomo o dio che sia) e che è il fondamento della Gloria. «Il fondamento della Gloria è l'apparire dell'eternità dell'essente in quanto essente, cioè di ogni essente, in quanto, tale eternità, si mostra come destino non smentibile della verità». (La Gloria. Risoluzione di «destino della necessità» Ed. Adelphi 2001, p. 31)

Detto questo, il lettore è avvertito che, quando parliamo della centralità della persona e del concetto di persona in genere (menomata o meno che sia), o del Chi personale in Heidegger (inteso come essere-mondo), non è di un "valore assoluto" che parliamo, ma di un concetto che può sempre essere rivisitato. La Persona, infatti, considerata come "valore assoluto", corre un duplice rischio: quello di diventare, per certi versi, l'ipostatizzazione dell'idolo (in quanto eterno e necessario) e, per certi altri, la riduzione a fantasma interiore (in quanto Io-senza-mondo). Il guaio è che, tanto nell'uno come nell'altro caso, il "valore", invece di "avvalorare" l'azione, s'instaura come "l'ideale" che, anziché trainare l'azione, ne vanifica l'esito, bloccandone i processi.

Un uguale discorso va fatto anche per quanto diremo attraverso la Arendt. Del cui pensiero ci serviamo per parlare dell'ostacolo che incontra l'agire politico perché vittima della concezione puramente biologica dell'esistenza. Intendiamo dire che una tale concezione (che è il cuore dell'antropologia politica della Arendt), qualora non si fondi su quanto dice Severino a proposito del concetto di "cosa" storicamente sorto nella terra dei Greci, fa della concezione puramente biologica (di cui parla la Arendt) l'asserzione di un "puro dato di natura" senza che se ne argomenti il fondamento[7].

---

[7] Rispetto a quanto abbiamo fin qui detto con Severino, ci sia concesso tirare in ballo ulteriormente Platone, il cui pensiero tanta parte ha avuto nel modo di vedere la vita sociale nella civiltà occidentale. Per Platone, infatti, le tre classi sociali che costituivano la Pólis (quella dei reggitori filosofi, i quali sono gli unici che sanno cosa va detto agli altri, quella dei guerrieri custodi,

L'accidentato cammino dell'essere-uomo (in relazione alla "centralità della persona")

La persona è "figura speculativa", figura che il pensiero dell'Occidente ha elaborato in base al vivere concreto dell'essere-uomo. Ma al mondo esiste chi sa "che cosa" vuol dire "essere-uomo"? È una domanda questa a cui, a nostro giudizio, non è facile rispondere, proprio per nessuno. Certo, nel corso dei secoli, sono state tante le definizioni messe in circolo! Ma, appunto

---

e dei lavoratori: contadini, artigiani, commercianti e consimili), erano l'esplicitazione civica delle tre parti che compongono l'anima: razionale, irascibile, concupiscibile. Da notare, tuttavia, che le tre classi sociali della Pólis, benché fossero un unico sistema, erano tra loro subordinate e divise. In quanto i reggitori filosofi avevano un ruolo d'imperio, che consisteva nel tenere politicamente sotto controllo la parte concupiscibile: i lavoratori. I quali, diceva Platone, tanto per la società come per l'anima, sono un pernicioso e permanente pericolo, dal momento che le loro esigenze sono l'incarnazione della parte più torbida e ottusa della umana natura: il corpo, che dell'anima è la tomba. Quanto poi ai guerrieri custodi, veniva loro detto che, per non cadere nello stesso degrado in cui si trovano i lavoratori, dovevano fare quadrato a difesa dei reggitori, che sono gli unici capaci di salvaguardare il benessere sia delle singole parti che dell'intero organismo sociale. E così, in Platone, le Aristocrazie (i migliori), in virtù dell'identità tra città e anima, erano "destinate" a governare il tempo presente nella stabilità dell'eterno, appunto perché impersonavano la razionalità, ovverossia la parte immortale dell'anima. Vi è inoltre da dire che il cittadino nasce in Grecia quando l'ordinamento del potere privato della casa (oikonomia) viene distinto dall'ordinamento del potere pubblico della Pólis. Va da sé che quel potere non avrebbe potuto essere "potere pubblico" (ovverosia "politico") se esso non fosse stato "autogoverno", e cioè un potere in mano ai cittadini. Sappiamo che a rendere "democratico" quel potere intervenne l'uso di un metodo composto da due elementi: la divisione della Pólis in "demi" (le piccole località abitative) e l'obbligo che i rappresentati dei singoli demi, prima di decidere si confrontassero tra loro (l'agorà). Che poi a fare il buono o il cattivo tempo siano stati i ricchi poteri dell'aristocrazie, questo è una lontana e permanente storia.

perché tante, stanno a significare che la questione è complicata. E per noi è tanto complicata che ci limitiamo a discorrerne toccando unicamente il punto da cui parte la Costituzione italiana, che tanto insiste sulla "centralità della Persona" e dichiara che: «La Repubblica riconosce e garantisce i diritti inviolabili dell'uomo».

È questa un'asserzione che "all'italica gente" fa onore! (Sempre s'intende, che "uomo" significhi "ogni uomo", e non, esclusivamente il cittadino italiano). La cosa ci fa onore perché, quando mai nella storia dell'uomo la sua esistenza è stata ritenuta inviolabile?! Come si può vedere a cominciare dalla preistoria fino ai nostri giorni. Ma, a dire l'intento del paragrafo, ci limitiamo a due o tre tratti in cui oggi, nel comportamento e nella cultura occidentale, l'inviolabilità dell'essere-uomo è bistrattata.

Se (come è "sacrosanto" che sia), per l'eccidio del popolo ebraico si perpetua il triste ricordo dell'immane tragedia perpetrata nei lager nazisti istituendo il "giorno della memoria", perché non si è ancora istituito un tale giorno per le moltitudini di schiavi negri che i bianchi deportarono a lavorare nelle proprie terre? Oppure: si pensa forse che vi sarà, prima o poi, un tale giorno per uomini e donne che, venendo oggi a cercare in Europa la vita, hanno invece trovato in mare la morte? Che dire poi di quel Partito politico in Italia che rivendica la presenza del Crocifisso nei luoghi pubblici quale "emblema simbolico" della propria ideologia razzista!? L'amara constatazione è che, ancora, tra i bianchi è in vigore il diritto a colonizzare "razze e continenti" diversi dai popoli cosiddetti cristiani. Non solo, ma ancora si ritiene che un tale mandato sia stato affidato loro dal volere di un Dio. (E questo anche se oggi, come un tempo, arde il conflitto tra Crociate e Guerre Sante[8]).

---

[8] Non intendiamo per nulla affermare che le guerre tra gli uomini fatte in nome di Dio siano meno gravi per l'Islam che per il Cristianesimo. Sono orrori umani, sia per gli uni che per gli altri. Ma non siamo così ingenui da non sapere quanto spesso le guerre di religione intraprese da taluni popoli che si dicono "cristiani" siano la maschera in faccia a celebrare l'orrido rito che santifica le urne petrolifere o le pietre preziose da rapinare in questa o

J. F. Lyotard in *Dissidio* (Feltrinelli, Milano 1985) riporta una testimonianza avuta da ebrei scampati alle camere a gas nei campi di sterminio nazisti. E dice che, in modo più o meno palese, nella mente del carnefice, l'uccisione di un recluso era preceduta dal dirlo o ritenerlo "animale". Abbiamo portato la testimonianza di Lyotard perché è perfettamente in linea con quanto sosteniamo in questo come nel seguente paragrafo. E cioè che, nel definire l'essenza dell'uomo, il termine "animale" sarebbe meglio buttarlo a mare. La dicitura "animale ragionevole" con cui l'uomo viene solitamente definito, è costituita da "animale" quale sostantivo, e "ragionevole" quale aggettivo. Il che è quanto dire che, per l'uomo, "essere-animale" è *sostanza* (che c'è sempre), mentre "essere-ragionevole" è *accidente* (che magari c'è, ma potrebbe anche non esserci).

Un guaio, questo, in cui incappò anche l'esperta mente di San Tommaso d'Aquino. Il quale, avendo dell'anima umana la stessa concezione a stadi che fu di Platone, sosteneva che gli embrioni umani non sarebbero risorti perché erano pura sensibilità priva di ragione. (Ed è evidente che oggi, in campo cattolico, verrebbe anche lui relegato nel reparto degli "aspiranti assassini").

Ammesso (ma non concesso) che, quanto all'essenza dell'uomo, Platone e San Tommaso abbiano ragione, che dovremmo dire dell'essere umano nato cerebroleso, destinato a restare tale per tutta la vita? Dove trovare in lui la coscienza e la ragione? Non rischia anche lui di fare la fine che in San Tommaso fanno gli embrioni, che non risorgono perché unicamente "sensibilità"?

Tali domande, qualora venissero fatte alla gerarchia cattolica, presumibilmente avrebbero la seguente risposta: «la vita

---

quella parte del mondo. Né si pensi che, con i nostri discorsi, si voglia cambiare il volto all'Occidente! Sarebbe già molto se, in esso, si attenuasse lo spettacolo quotidiano a cui assistiamo, per cui un eccidio o una devastazione (quale ne sia la cagione) che colpisce gli uomini bianchi ha una risonanza di pietà e indignazione di gran lunga maggiore di un eguale eccidio e devastazione tra gli uomini d'altro colore!

dell'uomo non è in mano all'uomo, ma a Dio, e nella risurrezione di Cristo vi è anche la risurrezione del cerebroleso. Non solo, ma il cerebroleso battezzato, essendo esente dal peccato originale e da ogni peccato personale, di certo risorgerà eternamente salvato, senza nessuna fiamma che in Purgatorio lo debba purificare». Se tale fosse la risposta, nel configurarsi come "allegria di naufraghi tratti in salvo", un tale destino, a nostro giudizio, si porta dietro più problemi di quanti voglia risolvere.

La centralità della Persona

"Persona" si nasce o si diventa? È una domanda che abbiamo fatto a un gruppo di cattolici che in un convegno stavano parlando della "centralità della persona". In particolare volevamo sapere se ritenevano che il cerebroleso fosse "persona". La loro risposta andò molto più in là di quanto avevamo domandato. In quanto ci fu detto che «non solo il cerebroleso è persona, ma anche gli embrioni sono "persona"! Tutto ciò che è umano, è "persona"!». La conclusione fu che "persona si nasce".

Ma quando chiedemmo se gli embrioni hanno l'anima, la risposta fu meno perentoria, benché alla fine fu quella di sempre. E cioè che Dio, quando nasce una vita umana, vi infonde, in un tutt'uno con la nascita del corpo, l'anima. (Come dato di cronaca, riportiamo che un tale concetto, legittimo dal punto di vista della fede, venne espresso e sostenuto in un linguaggio tale da farlo sembrare un asserto incontrovertibile della ragione).

Abbiamo riferito il diverbio da noi avuto con i componenti di quel convegno proprio perché, anche per noi, "persona si nasce". Infatti, ritenendo che l'antropologia ha da essere fondata sull'ontologia, non possiamo sfuggire alle conseguenze che logicamente da questa convinzione discendono. E la prima è che, se è dall'essere-uomo che deriva ogni speculazione che lo riguarda, anche la figura speculativa chiamata "persona", come con l'uomo nasce, anche, in ogni uomo eternamente resta.

Significa, con questo, che il nostro convincimento è da considerarsi alla stregua della "inconcussa verità" sostenuta dai cattolici? Assolutamente no, perché il nostro convincimento è *solo* un'*ipotesi* della ragione. E poiché è *solo* ipotesi, è anche *solo* "fede". E poiché è soltanto "fede", può essere confutato. Non così avviene a un dato di fede quando tale non è ritenuto, e viene invece presentato come inconcussa verità. Ciò che non si comprende, nel fare di un "atto di fede" un "fatto di verità" (e, quindi, nel non tenere-in-discussione un problema), è che, per l'uomo, l'atto di fede è il modo più confacente (e unico) per poter comprendere un determinato problema e, di conseguenza, per potervi liberamente aderire. In altre parole: quale che sia la fede in una determinata "verità", quando viene accettata senza tenerla a problema, anziché potenziarne il contenuto, lo va invece a vanificare. (Come è capitato nei Vangeli a quei due, un sacerdote e un levita, che passando oltre la presenza di un uomo in difficoltà sul ciglio della strada, mai vennero a sapere chi è il "prossimo" e come comportarsi con esso!).

Ma vi è ancora un'altra vicenda che riteniamo opportuno segnalare. Ed è che, a proposito dell'umana persona, abbiamo incontrato fedeli cattolici che, pur ritenendo che la vita dell'uomo (embrione compreso) è totalmente in mano a Dio, quanto al concetto di persona sostengono che persona non si nasce, ma si *diventa*. E la ragione addotta a sostegno del "diventare" è che, rispetto all'essere-uomo, l'essere-persona dice "maturazione": "maturazione di coscienza". Il loro parere s'appoggia sul fatto che, a dire l'esistenza, è la coscienza: la coscienza intesa come "consapevole responsabilità". Per cui parlano del concetto di "persona" non, come di un ontologico modo d'essere (integralmente uguale per ogni essere umano), ma come di una *diversificata* antropologica-perfezione da conseguire. (Dove, in questo discorso, possa starci il cerebroleso non lo sappiamo!). Per cui, mentre noi parliamo di "essere", loro parlano di "divenire". E mentre per noi l'essere-uomo-persona è (eterno) *destino*, per loro invece è (temporale) *compito*. Ci troviamo quindi ad avere, da una parte, "destino ontologico", dall'altra, "pratica etica"[9].

Un'ultima osservazione che riguarda il momento storico che viviamo. L'Italia oggi è in guerra. Una guerra che potremmo dire "sacrosanta", visto che è stata promossa per aiutare la parte di popolo insorta contro un tiranno. Occorre però ricordare che le Nazioni Unite, mentre alle richieste di liberazione delle popolazioni libiche sono corse in aiuto, a quelle delle popolazioni cecene neppure hanno mosso un passo. E non ci vuole chissà quale ingegno per pensare che, a determinare la diversità di una tale scelta, abbia influito la diversità di potenza delle tirannidi in questione. Il petrolio giace abbondante sia nelle terre d'Africa come in quelle dell'Asia! Ma non è uguale la forza delle mani che detengono il fluire dei rubinetti. Il risultato è che, pur nel nobile intento di dare libertà ai popoli oppressi, ben altra era la mira. E cioè, che la minore forza delle mani del dittatore libico poteva permettere, senza incorrere in una guerra totale, di detronizzarlo e impadronirsi così del suo petrolio, spartendosi il bottino[10].

---

[9] Non vorremmo che sfuggisse al lettore quella che nel libro è una nostra ricorrente attenzione. Nella quale vi è sì al fondo la preoccupazione a che le "cose" (gli "eterni", direbbe Severino) apparse all'orizzonte dell'essere non vengano buttate nel nulla, ma neppure vorremmo che la menomazione dei corpi e delle menti avesse a fare di un uomo un "minorato sociale". Ed è anche per questo che sosteniamo che l'uomo, unicamente perché è uomo, è persona. Non vediamo cioè quali siano i motivi per cui un uomo, nell'integrità per cui è tale, sia meno ontologicamente uomo (pensiamo al nato-cerebroleso) di un uomo cerebralmente sano (pensiamo al cervello di Einstein). Intendiamo dire che la privazione (l'handicap in genere) non "annienta", ma qualifica (anche se dentro un doloroso mistero) il modo d'essere della "condizione umana". Da essere comunque radicalmente meno disumana del folle delirio che, "cosificando" il niente, riduce ogni essente a "niente".

[10] Di quanto diciamo ne è prova una frase detta dal presidente del Governo italiano: "non vogliamo che il dopo Gheddafi sia in mano alla Francia". Prendiamo qui l'occasione per ricordare quanto sia stato grande il coraggio

Che prezzo può avere allora l'inviolabilità dell'uomo e la centralità della persona, se la mettiamo a confronto con il prezzo del petrolio? La vita non ha prezzo, si è soliti dire. Ed è vero. Lo constatiamo ogni giorno. Nel senso, però, che la vita dell'essere umano, messa a confronto con il prezzo del petrolio, non vale un soldo!

Ma a fronte del poco valore che la vita della persona umana ha negli esempi da noi sopra menzionati, stanno invece, in contrasto, gli altisonanti termini con cui, in Occidente, vengono comunemente connotate le caratteristiche essenziali dell'essere-persona. In cui si dice che la persona è il "proprium" di una originaria unicità e, quindi, essenza incomparabile e inviolabile. Un concetto che condividiamo, aggiungendo tuttavia che, per noi, il "proprium" (unico e originario dell'essere-persona) non è il Sé individuale, bensì la struttura "persona-e-comunità, che è quanto dire: "relazione-comunità", "pluralità", "mondo"[11].

---

di Papa Wojtyla, lasciato solo (perché abbandonato anche dai suoi stessi fedeli) nell'opporsi, egli potente tra i potenti, alle Nazioni Unite in guerra conto l'Iraq di Saddam Hussein.

[11] Più avanti, nel libro, vedremo che l'asserto costituzionale "la sovranità appartiene al popolo", rischia di essere fonte di equivoci se non si fa attenzione alla differenza sostanziale che vi è tra sovranità popolare e sovranità personale. Si corre cioè il rischio di anteporre la forza del numero (mediocrazia) alla qualità delle idee (democrazia). E se oggi è di difficile attuazione la scelta diretta dei rappresentanti della sovranità popolare, non è per questo legittimo instaurare scelte e prassi che l'aboliscono. Come, ad esempio, riducendo le elezioni politiche a nominativi già confezionati, o far leva sul potere mediatico piuttosto che sulla qualità delle idee, e via discorrendo. Dell'impolitico risultato a cui si perviene con simili trappole elettorali ne siamo testimoni ogni giorno, perché ogni giorno assistiamo al populismo di chi, avendo vinto le elezioni, prende a pretesto "la sovranità che appartiene al popolo", per sentirsi legittimato a istituire "leggi dello Stato" a proprio uso e consumo.

La Persona: curriculum vitae

In Occidente, prima che l'uomo finisse con l'essere detto "persona", passarono molti secoli. Abbiamo visto nel precedente paragrafo il punto d'arrivo in cui la si definisce ontologicamente usando i termini di "originaria unicità", incomparabile e inviolabile. E abbiamo aggiunto che non esiste al mondo l'*Uomo* in astratto, bensì la concreta comunità degli uomini, di modo che la Persona non è Soggetto o "Substantia individua", ma "pluralità", "mondo"[12]. Abbiamo anche affermato che, per andare a parlare a dovere del concetto "persona", bisogna prima dire che ne fu in Occidente del concetto "uomo". Lo abbiamo detto affinché emerga con più evidenza il punto di svolta maggiormente qualificante del *curriculum vitae* del concetto "persona", e cioè: quando al termine *singolare* "animale", succede il termine *plurale* racchiuso nel concetto di "relazione".

Per i greci l'uomo è "l'animale che parla" (*zôon lógon échon*)[13] . Aristotele, invece, ritiene di doverlo definire "animale politico" (*zôon politikón*): il risultato cioè di quanto il cittadino greco, nello scontro con i sudditi persiani, aveva dimostrato di essere: "Pólis", ovverosia "comunità politica"[14].

---

[12] Vedi, al proposito, l'essere-nel-mondo di Heidegger, il concetto di "pluralità" della Arendt, o quanti definiscono la persona in termini di "relazione", e chi, come noi, preferisce usare l'espressione "struttura personale-e-comune".

[13] C'è da dire, tuttavia, che nella Grecia delle Póleis l'apollinea rivalutazione della "forma individuale" era avvenuta entro un ordine di valori che possono benissimo dirsi "personali", in quanto opposti all'"impersonale" modo d'essere del gruppo, della specie o del semplice "ordine naturale".

[14] Si veda comunque il pantano antropologico in cui è andato a finire l'ontologico modo d'essere dell'uomo là dove Aristotele, nell'opera

Se, dall'antica Grecia, veniamo alla concezione che dell'uomo ne ebbe la metafisica della Scolastica, vediamo che, nella definizione di uomo, il termine *animal* permane, anche se nobilitato dall'aggiunta della *ratio*. L'uomo venne definito "animale ragionevole" (*animal rationale*), una definizione che giunge fino ai nostri giorni, anche se vive fuori scena, soppiantata com'è dal concetto di "persona"[15].

Possiamo dire, in sostanza, che il concetto di Persona nasce quale "figura speculativa" della riflessione teologica cristiana, intenta ad elaborare una concezione che fosse razionalmente compatibile con la natura di un Dio "trino" ("uno" in tre persone)

"Politica", equipara lo schiavo all'animale domestico. «Entrambi prestano aiuto con le forze fisiche per le necessità della vita, sia gli schiavi che gli animali domestici. Perciò la natura vuole segnare una differenza nel corpo dei liberi e degli schiavi: gli uni, l'hanno robusto per i servizi necessari, gli altri, eretto e inutile a siffatte attività ma adatto alla vita politica. [...] Dunque, è evidente che taluni sono per natura liberi, altri, schiavi, e *che per costoro è giusto essere schiavi*». (Il corsivo è nostro).

[15] Ripetiamo più diffusamente in nota quanto abbiamo detto altrove nel testo. Che l'uomo dovesse definirsi come "animale ragionevole" era un retropensiero anche in San Tommaso, nonostante egli avesse della persona il concetto "sostanzialista" espresso da Boezio. Ma, in lui, più di Boezio poté Platone. Che lo portò a ritenere che l'uomo non nasce persona, ma lo diventa. Egli infatti, parlando degli embrioni umani, fa capire che mai potrebbero essere detti «persona perché nascono come pura anima sensitiva, priva di anima razionale». Per cui conclude che gli embrioni alla resurrezione finale dei corpi non avrebbero partecipato. Una concezione che gli veniva dal pensare l'anima allo stesso modo di Platone, in cui le tre parti che la costituiscono sono tra loro "chiaramente subordinate e distinte", e dove la parte sensitiva dell'anima non ha la propria ragion d'essere in sé, ma nello stare al comando e al servizio della parte intellettiva. In quanto, appunto, è solo la parte intellettiva che, essendo "immortale", fa sì che l'uomo sia detto "Persona". Di modo che, per la concezione che ha oggi la Chiesa cattolica sugli embrioni, San Tommaso sarebbe un eretico, e quindi classificato anche lui (da alcuni beceri credenti cattolici) nel novero degli "assassini di Stato".

e con la persona di Cristo, vero Dio e vero uomo (la persona "Cristo", che della comunità trinitaria di Dio ne è l'incarnazione). «Chi vede me, vede il Padre» dice Gesù. Da notare che la formulazione del concetto di "Trinità di Dio", nei termini di un "unico Dio in tre Persone uguali e distinte", è cosa che può essere così concepita unicamente se la Persona è "relazione". Perché se non vi è "relazione", non vi è neppure "comunità"[16].

Severino Boezio (480-524), "l'ultimo dei romani e il primo della scolastica", quanto alla definizione della Persona, non seguendo la concezione "relazionale" dei Padri della Chiesa, ne formulò una concezione "sostanzialista", definendo la Persona *rationalis naturae individua substantia*. Definizione seguita da San Tommaso d'Aquino, da Leibniz e da altri, tra cui anche Calvino. Da notare che, se in questa definizione scompare il genere "animale", non compare però la "comunità umana", cioè la condizione umana quale antropologica e ontologica "pluralità". Per cui "c'è *l'uomo* ma non vi sono *gli uomini*". Ovverosia: l'uomo non è visto come "mondo", bensì solo come "astratto individuo" dotato di ragione, quasi che ogni uomo sia una specie a sé, a somiglianza di quanto s'insegna a riguardo delle moltitudini angeliche.

Oggi il concetto di persona si trova a navigare tra Scilla e Cariddi (per dire di due sponde tra loro opposte): "la centralità della Persona" da una parte, e la riduzione della Persona a "pura funzione interscambiabile" dall'altra. Il che ci rimanda a vedere che ne è della Persona all'imporsi della Tecnica. Un tema che

---

[16] I Padri della Chiesa che durante il periodo della Patristica più si adoperarono nella riflessione trinitaria e cristologica riguardante la Persona sono: tra i latini, Tertulliano e Sant'Agostino, e tra i greci, i Cappadoci e Gregorio di Nissa. Ma è soprattutto all'inquieta vicenda umana di Sant'Agostino che dobbiamo la scoperta della "persona". In quanto egli non pone il problema dell'uomo in astratto, ma negli eventi più profondi dell'"Io": dell'uomo cioè che, nella sua originaria singolarità, è "individuo irripetibile". Espressione da lui usata e che, nella terminologia posteriore, è stata, tale e quale, attribuita alla Persona.

abbiamo trattato a lungo nel poderoso volume da cui questo libro è stato estratto. Specialmente al paragrafo intitolato: *Se l'essenza della tecnica diventa l'essenza dell'uomo*. In esso riportiamo quanto dice Umberto Galimberti in conclusione al suo libro *Psiche e techne* (Feltrinelli, Milano 2000): «Occorre evitare che l'età della tecnica segni quel punto assolutamente nuovo nella storia, e forse irreversibile, dove la domanda non è più: 'che cosa possiamo fare noi con la tecnica?', ma: 'che cosa la tecnica può fare di noi?'[17]». (Op cit. p 715)

Il "chi" personale: l'inutile massimamente utile

La determinazione del "Chi" personale (quindi l'uomo e la persona) come *l'inutile massimamente utile* è tratta dai *Seminari di Zollikon* di Martin Heidegger (Guida Editori, Napoli 1990), il quale usa quella locuzione per definire (polemicamente, ma in un modo ontologicamente adeguato) l'essenza dell'essere-umano (e della persona): «*Il massimamente utile è l'inutile*. Ma esperire l'inutile, questa è per l'uomo odierno la cosa più difficile. Qui

---

[17] Galimberti dedica la sua opera «A Emanuele Severino che, nel nostro tempo, ha pensato nel modo più radicale il problema della tecnica». Severino infatti (che da tempo parla della "follia dell'Occidente" e del nichilismo che la sostanzia) afferma: «La cultura occidentale non può avere la capacità di stabilire alcun limite all'aggressione dell'ente, che la Tecnica va portando sempre più a fondo [...] perché l'essenza di tale cultura è il nichilismo metafisico, di cui la tecnica è la più radicale e rigorosa realizzazione. [...] Se qualcosa non è *technikón* (se cioè non produce o non è prodotto, o non rientra nel processo del produrre-essere prodotto) allora non 'è', ossia è un niente». (La terra e l'essenza dell'uomo, Adelphi, Milano 1969 pp. 196-197). Per concludere icasticamente: «Dio e la tecnica moderna sono le due fondamentali espressioni del nichilismo metafisico». (Op. cit. p.197). Pregnante è anche il parere di M. Ruggenini (*Il soggetto e la tecnica*. Bulzoni, Roma 1977), il quale così si esprime: l'uomo non è più solo uno *strumento* della Tecnica, ma *il suo materiale d'impiego*.

'l'utile' è inteso come ciò che è impiegabile praticamente e immediatamente per scopi tecnici, per ciò che provoca un effetto, con cui io possa amministrare, e produrre. *Si deve invece vedere l'utile nel senso di salvifico, vale a dire, in quanto ciò che fa rivenire l'uomo a se stesso*[18]». (Op. cit. p. 238. Il corsivo è nostro). Come si vede, Heidegger se la prende con la concezione puramente funzionale dell'essere-uomo.

Se in questo paragrafo ci intratteniamo a parlare del concetto di Persona nei termini suggeriti da Heidegger (l'inutile massimamente utile), è per meglio mettere in chiaro il motivo per cui (come vedremo nel secondo capitolo) abbiamo parlato del lavoro a partire dalla "condizione umana" della persona mentalmente malata. E questo a dire un concetto che per noi è diventato un leit-motiv, e cioè che anche l'uomo cerebroleso (l'essere umano sepolto in una "perduta" coscienza) *è Persona*. (Va da sé che, nel nostro discorso, la persona cerebrolesa è da noi

---

[18] Quanto al termine "salvifico" espresso da Heidegger nelle parole sopra citate, per comprenderle bisogna rifarsi a quanto dice dell'Essere nel suo libro postumo *Contributi alla Filosofia (Dell'Avvento)*, dove illustra quali sono le ragioni per cui *l'Essere mette in salvo l'uomo nel ricondurlo a se stesso*. Ciò che possiamo qui annotare è soltanto che l'uomo non potrebbe essere *tenuto in salvo* dall'Essere se l'essenza dell'uomo (l'esistenza umana) non fosse già, nel suo modo di essere, ontologicamente "salvezza". (L'essere, cioè, non è un redentore che, dall'esterno dell'uomo, viene a portargli salvezza. Per cui l'incontro con l'Essere tiene in salvo l'uomo nel fargli capire che la salvezza è nell'"aperto" del suo essere-uomo). Nella citazione da noi fatta nel testo, i verbi tipici dell'agire tecnico (impiegare, produrre) sono usati da Heidegger per dire la disastrata riduzione che proviene all'uomo dalla "*imposizione priva di libertà*" che è l'essenza della tecnica quale volontà di potenza. Al proposito riteniamo tuttavia doveroso aggiungere quanto direbbe Severino riguardo ai termini "impiegare" e "produrre" usati da Heidegger, e cioè che egli non vede che il disastro, più e prima di essere imputato alla tecnica, va imputato al nichilismo: la pretesa del "divenire" che impone all'ente di essere-altro-da-ciò-che-è, di essere cioè l'*essente che dal niente nasce e al niente ritorna*. Insomma, Heidegger rischia di parlare dell'essere del "divenire", e non, dell'essere (eterno) dell'essere.

assunta quale figura emblematica di ogni menomazione fisica e/o mentale. Non solo, ma ci teniamo a ribadire che anche il cerebroleso, come ogni persona, non va intesa come "valore assoluto", perché, visto come tale, finisce con l'essere solo "oggetto" di umana pietà).

Pertanto, quanto al cerebroleso, due sono le considerazioni che conseguono a partire al nostro punto di vista. La prima, è che anche il cerebroleso è "linguaggio-di-umana-esistenza": un linguaggio cioè che parla ben oltre la "biologia dell'animalità" quale è stata racchiusa nella definizione dell'uomo come "animale ragionevole". La seconda, è che al cerebroleso in quanto "persona" s'addicono tutte le attribuzioni date finora alla figura speculativa definita con quel nome: e cioè, di essere il "proprium" di una "originaria-e-inviolabile-unicità". Il che sta a significare che l'uomo (qualunque essere umano, quale che sia la condizione psicofisica, sociale, morale in cui vive) è a tal punto "proprio-a-se-stesso" (e "di-se-stesso") che non vi sono al mondo "prezzi" che lo contengono: né oro, né petrolio, né paradisi terrestri e cose simili.

Oltre a quanto della persona abbiamo detto sopra riguardo al concetto di persona, due parole vanno spese anche a riguardo del termine "relazione" di cui spesso ci si serve per qualificarla e definirla. Si tratta della sostanziale differenza che vi è tra le locuzioni "essere in relazione" e "essere-relazione". Nel primo caso, la relazione è un *tertium quid* che *risulta* dal mettersi (o tenersi) in contatto con qualcuno o qualcosa. Nel secondo caso, invece, l'essere-relazione è il *fondamento* su cui si basa la *possibilità* di mettersi (o tenersi) in contatto con qualcuno o qualcosa. Non si può cioè *mettersi* in relazione con alcunché se non si *è* relazione. Concetto già espresso là dove abbiamo detto che non si può *avere*-mondo se non si *è*-mondo.

Che il nascere umano sia un *con-nascere*, è esperienza di ogni giorno. Basta aver occhi e mente per guardare! E vedere che, con il nuovo arrivato, non solo *con-nasce* l'intera famiglia, ma anche tutta la Comunità umana che (storicamente) ha posto le condizioni

38

necessarie alla sua nascita. Per cui, a buon diritto, si può dire che l'uomo nasce "mondo", ovverosia, come fu scritto, che egli è sempre "continente" o "arcipelago", e mai "isola"!

Heidegger, nei *Seminari di Zollikon*, sostiene a più riprese che non è la coscienza a fondare l'esistenza, ma viceversa. Ciò vuol dire che, per lui, la coscienza si fonda sull'ontologia (l'essere-uomo), sia che venga vista come *consapevolezza* (ovverosia la conoscenza che dà senso alle cose), sia che venga pensata come *responsabilità* delle proprie azioni. (Ricordiamo che Heidegger chiama l'esistenza umana *Esser-ci*, ovverosia: essere-nel-mondo. Che potremmo anche ridurre a "essere-mondo"[19]).

Queste le sue parole: «La coscienza presuppone sempre l'esserci, non all'inverso. Sapere e coscienza si muovono sempre già nell'essere-aperto del "ci", senza di questo, non sono affatto possibili». (Op. cit. p. 297). Il "ci" *sempre-aperto* di cui parla (che caratterizza l'esser-uomo) è, come lui dice: «l'ek-statico esser fuori già sempre verso il mondo». Per cui «Quando dico che l'Esserci è quell'essente a cui nel suo essere ne va di questo essere stesso, non si deve fraintendere 'il suo essere' in quanto soggettività, bensì è questo suo essere-nel-mondo ciò di cui ne va all'essere-nel-mondo». (Op. cit. p. 239)

Severino, nella sua *Antologia filosofica* (Rizzoli, Milano 1988), introduce i brani tolti dalle opere di Heidegger dicendo: «L'esistenza dell'uomo, per Heidegger, dev'essere intesa in modo

---

[19] Non ci soffermiamo a parlare del senso o della verità dell'essere nel pensiero di Heidegger perché l'impresa sarebbe così lunga e complicata che non finiremmo più. Basti tener presente che in Heidegger l'essere si presenta a noi "accadendo": è Evento (*Ereignis*). E che l'essere, nel suo accadere, ha sempre in serbo una verità da dire, per cui, mentre "si dà" (*es gibt*), anche si sottrae, presentandosi così nelle vesti di un "permanente sorpassante". Inoltre, altra cosa da tener presente è che, per Heidegger, l'uomo, proprio per il suo essere-adoperato-salvaguardato dall'accadere dell'essere, dell'essere non ne è il padrone, ma solo il pastore, custode, ricercatore, garante. O, come dice nei Beiträge: "il fondato fondatore del fondamento".

fenomenico. Essa si mostra come un ex-sistere storico-temporale, che può venire in luce solo all'interno di un'ontologia che porti alla luce il carattere temporale dell'essere[20]». (Op cit. p. 469) La conferma di quanto dice Severino possiamo trovarla nelle stesse parole di Heidegger nel libro i *Seminari di Zollikon* quando, dopo aver detto che l'Esserci è sempre da vedersi in quanto essere-nel-mondo, aggiunge: «Il 'sé' nel rapportarsi, e il 'mio', nel 'mio esserci', non devono mai venire intesi come un esser-riferito a un soggetto o a una sostanza. Piuttosto il 'sé' è da vedersi in un modo *puramente fenomenico*, vale a dire, così come io ora mi rapporto. Il *chi* si esaurisce di volta in volta proprio nei modi di rapportarsi nei quali io sono appunto ora». (Op. cit. pp. 237-238)

Dunque, l'uomo è per Heidegger al contempo "mondo" e "temporalità" (o "storicità" che dir si voglia), precisando, tuttavia, che la temporalità-storicità in questione non ha nulla a che fare con il tempo inteso come il divenire di un prima rispetto al susseguirsi di un poi. L'essenza dell'uomo (che è "mondo", "temporalità, "storicità) va intesa pertanto come il poter-essere-aperto-mondo, sapendo che quel "poter-essere" è il modo stesso dell'aperto (quel modo per cui senza il "poter-essere" non sarebbe l'"aperto").

Quindi, il poter-essere del quale stiamo parlando, è radicalmente diverso da uno dei quattro modi dell'essere di cui

---

[20] Parlando dell'uomo come "essere-nel-mondo" (e con ciò: "temporalità", "storicità"), Heidegger afferma che esso è la radura (*Lichtung*) in cui, per la "verità dell'essere", è possibile il gioco di velamento-e-svelamento che è il tipico modo in cui l'essere accade. Un gioco che, comunque vadano le cose, "fa epoca". «Finora l'uomo non *fu* mai 'storico'», lamenta Heidegger nei Beiträge zur Philosophie (Vom Ereignis). E continua: «Certamente 'ebbe' ed 'ha' una storia. Solo che questo avere-storia tradisce subito il tipo di 'storia' che qui è unicamente in vista. [...] A stento possiamo liberarci dalla storiografia, dato che non riusciamo più a renderci conto dell'ampiezza con cui la storiografia, in molteplici forme nascoste, domina l'esserci umano». (Op. cit. pp. 492-493). Sicché l'uomo è "storia" (cioè: *essere-aperto*) e non è "storiografia" (cioè: *tempo-che-diviene*).

parla Aristotele, e cioè l'"essere in potenza" che diventa poi "essere in atto" (Secondo cui, nel seme, l'*essere*-frutto che è *in-potenza*, diventa poi, a maturazione avvenuta, l'*essere*-frutto quale *atto di realtà*). Di modo che, l'*essere in potenza* è una contraddizione in termini, in quanto, nella pretesa di far diventare una cosa "qualcosa altro da sé", butta nel niente "ciò che è".

Dunque, la temporalità-storicità di cui parliamo, non è il divenire nel tempo, ma la destinale-apertura-a-tutto che *destina* l'essente ad essere ciò che è: un "eterno". (Ci richiamiamo in ciò a quanto del destino dice Severino, per il quale esso è "l'apparire dell'esser sé dell'essente").

L'Esserci (l'uomo) pertanto, essendo "il soggiornare-aperto a tutto ciò che gli si fa incontro", non va visto né come soggetto a se stante, né come sostanza individua, ma come "risoluta apertura". Che l'uomo sia "risoluta apertura" è un concetto che Heidegger illustra a partire dall'affermazione che «la coscienza presuppone slargo ed esserci, e non all'inverso».

Pertanto, stando a ciò che fin qui abbiamo detto dell'esistenza umana, risulta che a caratterizzare l'essenza dell'uomo è la dimensione ontologica, e cioè: l'essere-per-costituzione-aperto a ciò che si fa incontro. Per "costituzione" s'intende dire che il suo essere apertura è "destino" ontologico, e non, "compito" etico. La visione ontologica della Persona ci permette così di non sottostare alla versione etica della coscienza. Appunto perché, mentre la coscienza etica dice "vincolo a qualcosa", l'esistenza ontologica invece dice "apertura a tutto". Per Heidegger, infatti, la più "propria" pretesa etica è quella di stare al "servizio" dell'Ontologia.

Ci premeva pervenire a questo punto per dire dove poggia il nostro convincimento secondo cui "Persona si nasce". Ed è in questo: che l'esistenza umana, essendo originariamente costituita dall'ontologica apertura del poter-essere, fa sì che il concetto speculativo "Persona" sia proprio a ogni uomo, quale che sia la privazione psichica o fisica in cui vive, o la razza e il continente a cui appartiene.

Invece se la coscienza dell'uomo, anziché fondarsi sull'esistenza, viene fondata su se stessa quale "autocoscienza" (e cioè, se è "l'escogitare" a fondare l'essere, e non, viceversa, come è nel caso del *cogito ergo sum*), è evidente che *essere-persona* si diventa. In quanto, appunto, visto in tal modo, l'uomo *diventa persona* quando è consapevole di sé (autocoscienza), e quando può essere detto responsabile delle proprie azioni (coscienza-imputabile). Due attribuzioni che, allorché in un uomo non ci siano, fanno dire a quelli per i quali "persona si diventa" che egli è sì persona, ma solo "in potenza". E così, il mettere nel cuore dell'essere il divenire, fa della Persona un "niente" che cammina!

Dunque, per noi a caratterizzare la Persona non è il gnoseologico dare-senso della Coscienza, ma l'ontologico poter-essere dell'Esistenza. Concetto che ribadiamo anche quando andremo a vedere che ne sia della "centralità della persona" nella Costituzione italiana. Vi insistiamo perché il ritenere che una tale centralità sia "frutto di maturazione" (il raggiunto effetto della coscienza), è spesso il motivo per cui l'impegno etico che s'adopera attorno alla persona menomata viene fatto più a titolo di "umana pietà" (e onerosa beneficenza) che per la sovranità originaria e incomparabile (e inviolabile) che è propria di ogni (anche menomata) persona.

Un semplice esempio

Chi ha fede nel Dio dei cristiani, qualora si limiti a ritenere che l'uomo è "persona" perché "figlio di Dio", rischia di non vedere che l'incarnazione di Dio, prima ancora di dire chi è Dio, dice chi è l'uomo. Ovverosia, dice la compatibilità in una stessa persona di essere-Dio ed essere-uomo. Nessuno ha visto in faccia Dio, dice il Cristo. E se qualcosa di Dio volete saperne, continua, sappiate che è nel vedere me che vedete Dio, il Padre mio. Da parte sua l'apostolo Giovanni precisa che è sempre per interposta persona che si può conoscere Dio, e l'"interposta persona" sono gli uomini, tutti gli uomini, che vanno amati senza distinzione alcuna. *"Vivens homo, gloria Dei est!"*, afferma sant'Ireneo.

Vi è, al proposito, un pericolo in cui il credente, a non starvi attento, può correre. Ed è quando, nell'affermare che nell'uomo l'anima è creazione diretta di Dio, conclude che, per questo, non l'uomo, ma Dio è il solo padrone della vita umana[21]. Un concetto che rischia di mettere nelle mani dell'uomo unicamente la "parte animale" dell'anima. (Come avviene nella definizione dell'uomo quale "animale ragionevole": *ragionevole* in quanto "creatura di Dio", e *animale* in quanto "creatura dell'uomo"[22]).

L'esempio che dà il titolo al paragrafo serve ad illustrare i pericoli e le ambiguità in cui incappa il credente di fede cattolica nel sostenere che il padrone della vita umana è soltanto Dio[23].

---

[21] L'affermazione che Dio crea l'uomo "dal" nulla, viene oggi preferibilmente espressa con il dire: creazione "nel" nulla. Intendendo con ciò di far meglio vedere che l'uomo è "partecipazione" divina: effusione dell'amore di Dio. Il ragionamento all'incirca è questo: poiché Dio è Amore, meglio è sostituire al concetto di "creazione" quello di "partecipazione di sé", fatta da Dio-Amore all'uomo, che così sarebbe anche l'uomo, in un modo più evidente, "amore". (Da notare che l'amore, come dice San Tommaso, è per sua natura *diffusivum sui*: amore che, per essere ciò che è, non può che essere diffusione di sé). Intendiamo dire che, nel creare *dal* niente, è più facile vedere nell'uomo "il corpo del peccato" che il "corpo d'amore", come sarebbe invece nel concetto di "partecipazione divina".

[22] Un simile modo diviso di vedere l'uomo riduce la Persona a un "oggettivato prodotto individuale" dell'umana biologia. E questo perché, avendo totalmente consegnato la vita dell'uomo nelle mani di Dio, l'umana esistenza viene ridotta a un "a-sé-e-per-sé" che non è né *relazione* né *mondo*, ma solo un "prodotto-individuo", che *prima* nasce a se stante, e che solo *poi* "si mette in relazione" con la madre, con il padre e con il mondo. (Siamo così passati dall'*essere*-mondo all'*avere*-mondo. O, se più piace, siamo di fronte a *il soggetto* che si è costituito tale, per fare di ogni altra cosa fuori di sé, *un oggetto* da dominare, da manipolare a proprio uso e consumo: un modo d'essere in cui l'uomo come "persona-e-comunità" non c'è più).

Siamo a un convegno promosso dal *Movimento per la Vita*. Chi sta parlando è un medico che lavora in un Ospedale che gode fama di "religiosità", in quanto, nell'assunzione del personale, ha molto peso la provata, o supposta, fede cattolica dei postulanti. L'oratore sostiene che, anche quando si sa di certo che l'embrione è malformato, sopprimerlo è un assassinio. «Curarlo sì, ma, sopprimerlo, mai!» afferma drasticamente. E accentua il volume della voce onde sia chiaro il senso impositivo del suo asserto.

La sua è l'ultima delle Relazioni in programma. Dopo di che ha inizio il dibattito con gli ascoltatori e le ascoltatrici presenti in sala. Una donna, che dall'accento è sicuramente straniera, dopo aver detto che è di fede cattolica, aggiunge di essere perplessa quanto al fatto di far nascere un figlio che sicuramente sarà per tutta la vita gravemente deformato. E porta a motivo della sua perplessità il caso della sorella, il cui figlio è venuto alla luce disastrosamente malformato. «Mia sorella, da quando le è nato il figlio, non è più lei, il mondo le è crollato addosso, vede tutto nero e la sua vita non è più vita». Dato il silenzio in cui sprofonda la sala è evidente che nessuno dei presenti si aspettava una testimonianza del genere.

A risponderle è uno degli oratori seduti al tavolo della Presidenza. Ed è il Direttore da cui dipendono le assunzioni degli operatori nell'Ospedale che ospita il convegno. «Signora, *gli embrioni sono già esseri umani e hanno un'anima*. E per noi credenti, tanto la vita, quanto l'uomo e la sua anima, sono nelle mani di Dio perché sue creature, anche se destinate a vivere per tutta la vita 'il mistero d'amore di un Dio crocifisso'. Certo, ci vuole fede eroica! Ma, mi creda, tutti gli altri ragionamenti sono inutili, e cercarli è di chi non ha fede!».

---

[23] Sappiamo bene che la Teologia, nella nascita dell'uomo, non distingue un più o un meno, un prima o un poi, e che l'iniziativa del venire al mondo è in mano a due cause contemporaneamente concorrenti: Dio e l'uomo. Ma nella "predicazione" fatta ai fedeli, la con-correnza tanto scompare che a restare padrone della vita umana non è *anche* l'uomo, ma *solo* Dio.

La donna prese quelle parole come un rimprovero alla sua poca fede. Per cui, indispettita, replicò in un modo inaspettato: «Perché ad essere eroiche dobbiamo essere sempre noi donne?!». Una risposta che suscitò in sala un unanime e immediato mormorio di disapprovazione, che piombò in un ostentato e infastidito silenzio, teso a fare della donna un'eretica da cacciare fuori dalla sala. Come a dire: "che ci vieni a fare, se non accetti quello che ti si dice?!".

Coincidenza volle che, alcuni giorni dopo, quel Direttore addetto alle assunzioni si trovasse ad avere nel suo ufficio una giovane donna con in mano la lettera nella quale le si comunicava che la sua richiesta di lavoro come Operatrice socio-sanitaria (OSS) era stata accettata. Si pensi alla gioia e all'esultanza di una giovane donna che, finalmente, vede realizzarsi una domanda da lei fatta alcuni anni prima, e nella quale ormai non sperava più. In quell'Ospedale, nel colloquio d'assunzione di una giovane donna, la domanda d'obbligo riguarda la gravidanza. Alla domanda "è incinta?", la donna non mente e dice quella che per lei è la sua più attesa verità: che fra sei o sette mesi sarebbe stata madre. «Mi dispiace» la interrompe il Direttore responsabile alle assunzioni, «ma l'Istituto, come regola, non assume le donne incinte». La donna con il cuore in gola domanda «perché?». «Perché a causa della maternità dovrà assentarsi dal lavoro». Una risposta che lei non si aspettava, per cui si mette a piangere. Il responsabile, forse per consolarla, aggiunge: «Sarò schietto, signora! Per l'Ospedale non è economicamente utile assumere una persona che va subito in maternità. Lei certo non può comprendere, ma la sua assunzione, per i suoi compagni di lavoro, sarebbe uno scombussolamento, specialmente tra gli uomini che, con tutto quello che ogni giorno c'è da fare, vedono la maternità come fumo negli occhi. So che questo le può sembrare impossibile, ma se un giorno verrà assunta, lo capirà!».

Parole che vogliono essere schiette, ma che sono invece soltanto cinica schizofrenia. Mentre al convegno aveva chiesto ad una donna la fede nel "mistero d'amore di un Dio crocifisso" (necessaria per portare a termine la gravidanza nonostante un male irreparabile), ora, la sua idolatrica fede nel dio "Danaro-Lavoro", gli impone di rimandare a casa una donna solo perché è incinta[24]!

Quel Direttore, per essere coerente con la difesa della vita così come l'aveva propugnata al convegno, avrebbe dovuto *necessariamente* assumere la donna incinta! E, soprattutto, visto che l'Economia non può essere "umana" se a sostanziarla non vi è la concezione etico-politica dell'azione umana, avrebbe dovuto, come suo precipuo compito, togliere dall'animo dei lavoratori maschi il "fumo negli occhi" causato dall'"assenza per maternità". Così non facendo, anziché promuovere tra di loro la fiducia nella vita, la si cancella come un ostacolo al benessere della propria azienda. Certo, la scelta da lui fatta non è un omicidio, ma è assai provato che, nella vita degli esseri umani, il dio Danaro da lui salvaguardato, di omicidi, ne ha fatti a montagne!

---

[24] Si noti la biforcuta finezza del suo dire. Il cattivo, non è l'Istituto ospedaliero che egli presiede, ma i lavoratori maschi, che tuttavia dalla loro malvagità (la maternità come fumo negli occhi) vengono assolti perché hanno a cuore il vantaggio economico dell'Istituzione.

CAPITOLO II

LA REPUBBLICA E IL LAVORO

La Repubblica fondata sul Lavoro

La tesi che in questo paragrafo intendiamo svolgere suona: nella Costituzione italiana il primato di fondamento conferito al "lavoro" (anziché al concetto di cittadinanza), nel relegare il cittadino dietro le quinte della scena sociopolitica, inficia anche il concetto della "centralità della Persona" a cui la Costituzione, con tanto calore, si richiama. Intendiamo inoltre dire che la Forma Lavoro (il lavoratore), posta come fondamento della Repubblica democratica, nel sostituirsi alla Forma Cittadino (e, con il cittadino, anche alla "persona") presta il fianco alla concezione puramente amministrativa della Politica, così come è espressa nella locuzione "Azienda-Italia" o in quella di "Stato-Mercato"[25].

---

[25] Un esempio di immiserimento politico dell'uomo-persona lo possiamo riscontrare nel *Manuale del Sistema di Gestione per l'Umanizzazione* pubblicato dalla Regione Veneto nel febbraio 2005. Il Manuale intende essere l'espressione di un «Progetto inerente l'analisi e la valutazione del livello di umanizzazione dei servizi socio sanitari erogati dalle Aziende U.L.S.S. ed Ospedaliere del Veneto». Nel Manuale, al paragrafo intitolato "La Politica per l'Umanizzazione", si afferma che una tale Politica «è il primo passo per orientare l'organizzazione verso *la centralità della persona umana*, in considerazione delle sue componenti fisica, mentale, emotiva, spirituale». Poiché l'umanizzazione di cui si parla è riferita al bene Salute, se accostiamo la definizione della Persona espressa dal Manuale Veneto alla definizione di Salute espressa dall'Organizzazione Mondiale della Salute, si

47

Chi sia l'uomo e *quando* può essere detto "persona" sono concetti variamente interpretati. Ma la diversità delle interpretazioni non inficia la nostra tesi. Stando alla quale, nell'aver messo il Lavoro a fondamento della Repubblica, non solo si è andati a "snaturare" il potere politico del cittadino, ma anche non si capisce a che titolo la forma "Lavoro" possa fare della Repubblica italiana una *repubblica democratica*.

Certo, nella Costituzione fu di somma importanza civica (e di improrogabile necessità storica) l'aver fatto del diritto al Lavoro un diritto garantito a tutti i cittadini. Tuttavia è evidente che, nell'aver messo a fondamento della Repubblica il lavoro, s'incorre nella contraddizione che vede il tutelato (il lavoratore) fondare il tutelante (la Repubblica). Pertanto, ciò che noi sosteniamo, è che meglio sarebbe stato se, a tema del primo articolo della Costituzione, si fossero trovate le parole per dire il *circolo virtuoso* che vede il Cittadino quale fondatore della Repubblica, e la Repubblica che fonda il Cittadino.

Il guaio di una così paradossale situazione è che, nell'andare a negare al cittadino la natura di fondamento della Repubblica, si fa di lui un semplice abitante (in quanto, appunto, si va a negare la sua natura politica). Lo ripetiamo: nella Costituzione italiana, nel

---

può vedere la misera fine a cui è destinata la "centralità della persona". Quel manuale, infatti, nell'eliminare l'aggettivo "sociale", sostituendolo invece con la "componente emozionale", parla della salute del corpo e della mente in un'anima individuale, priva di storia e comunità. Ben diversa è invece la concezione che dell'umana salute ne ha l'Organizzazione Mondiale, secondo la quale essa è: "Uno stato *dinamico* di completo benessere fisico, mentale, *sociale*, spirituale". Si noti l'aggettivazione "dinamico" e "sociale" che fa della salute, non, solamente un "dato" di biologica natura ma, al contrario, un "fatto" principalmente di natura storico-sociale. Pertanto, una definizione della Persona che non includa nel suo concetto la Comunità (come è nel Manuale veneto), ritorna al concetto di "individua substantia" che ne aveva Boezio, e tralascia la fruttuosa elaborazione fatta dalla Teologia cristiana della Persona vista come "relazione", per cui ad essa ben s'addicono espressioni come "Comunità impersonata", o il tutt'uno di "persona-e-comunità".

48

mettere fuori scena il cittadino, si butta a mare il fondamento su cui stare per andare a costruire una Repubblica (o una Città) democratica. La nefasta conclusione è che, se a dettare le leggi alla vita di una Res-pubblica è l'*abitante* e, non, il *cittadino*, il "bene-essere", che *ontologicamente* tutti accomuna, viene sostituito dal "benessere" dell'interesse, che *antropologicamente* tutti diversifica.

Dunque, nella Costituzione italiana il concetto di cittadinanza, anziché essere il fondamento da cui partire, diventa il punto d'arrivo a cui si perviene. E, a ben guardare, è proprio questo il motivo per cui, nella vita della nostra Repubblica, vi sono uomini politici di somma rilevanza che trovano del tutto naturale affermare che lo Stato è *Azienda*, equiparando così Stato e Mercato. L'*Azienda Italia*, appunto. Ed è anche questo il motivo per cui si propaganda come idea della Politica "che si è cittadini *perché* si pagano le tasse"; mentre invece, nella visione ontologica dell'essere-cittadini, "è *perché* si è cittadini, che si pagano le tasse[26] !". La conclusione è che una tale visione *mercantile* della cittadinanza educa il cittadino a vedere nello Stato unicamente il "Potere gendarme" che gli garantisce "libertà e sicurezza" nel fare i propri affari e profitti privati.

Come si sa, l'aver fondata la Repubblica sul Lavoro fu il compromesso a cui pervennero i Padri costituenti divisi da due differenti "ideologie" politico-sociali. Da una parte, la Sinistra che si batteva perché la Repubblica italiana fosse "dei" lavoratori (in mano cioè al proletariato), dall'altra, la Destra che si batteva perché la Repubblica italiana fosse semplicemente una Repubblica "di" lavoratori (in mano cioè alle leggi del Capitale).

La Sinistra sociale, con la sua definizione, intendeva dare "costituzione" alle lotte secolari combattute dai lavoratori per

---

[26] La si prenda pure come una battuta, ma qualora fosse vero che si è cittadini perché si pagano le tasse, in Italia, gli evasori sono così numerosi, che ad estradarli tutti (appunto perché non più cittadini) c'è il pericolo di intasare ogni via d'uscita: a partire dai valichi sui monti fino ai porti in mare.

avere uno Stato che fosse garante di *libertà* e *uguaglianza* per tutti i cittadini. Nulla toglie, tuttavia, che nel retropensiero della Sinistra vi fosse anche il modello russo, stando al quale il Potere dello Stato doveva essere in mano alle categorie del lavoro[27].

Mentre la Destra liberale, per rimanere sulle proprie posizioni, aveva più di un motivo. Innanzitutto, il fatto che nell'Unione Sovietica la Dittatura del Proletariato (tutto il potere agli operai), nel diventare Capitalismo di Stato, stava legittimando lo sterminio delle masse contadine perpetrato da Stalin. Non solo. Ma quel dittatoriale regime aveva talmente snaturato il concetto di cittadinanza, da erigere a cittadino-modello lo stakanovista (l'uomo fatto *massa-lavoro*). Vanno aggiunti inoltre, a dare sostegno a questi motivi, gli stretti legami che il Partito Comunista Italiano aveva con l'Unione Sovietica e, insieme, la consistente presenza di quel Partito in talune Regioni d'Italia. Ragioni sufficienti a che la Destra liberale si opponesse ad ogni "avvisaglia" istituzionale che richiamasse, sia pure da lontano, l'ombra "mostruosa" imposta dalla "Dittatura del proletariato", e la nefasta socializzazione voluta dal Capitalismo di Stato.

Dunque, data l'opposta concezione politico-sociale dei due schieramenti, la scelta di avere una Repubblica fondata sul lavoro fu, evidentemente, la mediazione di un compromesso. Sia ben chiaro che il rilievo critico da noi esposto non intende minimamente mettere in dubbio la bontà della Costituzione

---

[27] Forse, a rafforzare nella Sinistra il proprio punto di vista, vi era pure l'infelice esito a cui era andata incontro la Rivoluzione francese. La cui Costituzione, frutto del sangue versato da tanta "povera" gente, invece di essere garanzia di libertà e uguaglianza per tutti i cittadini, finì con il considerare "veri" cittadini soltanto i detentori di un ragguardevole censo (denaro che proveniva in gran parte dalle rendite del lavoro altrui). I testi di Storia definiscono infatti la Costituzione francese una Costituzione "censitaria". Per cui non è da escludere che la Sinistra temesse una tale sorte anche per i lavoratori in Italia. Ma, nell'uno come nell'altro caso (Francia e Italia), è sempre il denaro a dettare "la legge dell'avere" (che butta nel niente l'eguale "destino dell'essere").

italiana, maturata quale benefico *frutto della Resistenza* che permise ai cittadini italiani di liberarsi dalla dittatura fascista. Così come sarebbe un'imperdonabile miopia storica ritenere che i padri-costituenti di entrambi gli schieramenti (Sinistra sociale e Destra liberale) non avessero in animo, in quel compromesso, "la lunga marcia di liberazione" del mondo operaio e di taluni ceti medi della società. Se non avessero avuto in animo un tale modo di guardare alla storia, difficilmente avrebbero stabilito che la Repubblica italiana fosse "democratica"[28].

Ernest Jünger, nelle sue opere, analizzando la figura lavorativa dell'operaio, sostiene che nelle strutture sociali moderne il lavoro si è fatto "mobilitazione totale". In Occidente, afferma, la *Forma-Lavoro*, nell'erigersi a "termine di equivalenza generale", è andata a *s-terminare* le altre due Forme: Uomo e Cittadino. Istruttivo, al proposito, è il dialogo-diverbio tra lui e Martin Heidegger. (Vedi "La questione dell'essere" in "Segnavia", Adelphi Edizioni, Milano, pagg. 335-374). Infatti i due autori, pur discordando tra loro su che cosa sia la vera essenza del Nichilismo (e di conseguenza sul differente modo di venirne fuori), sono comunque entrambi concordi nel sostenere che la "mobilitazione totale" del lavoro nasce *dal* e porta *al* Nichilismo[29].

---

[28] C'è inoltre da tener presente quanto la storia ha dimostrato, e cioè che la qualità umana dell'impresa economica non è determinata da chi (classe operaia o "razza padrona") ha in mano la proprietà dei mezzi di produzione, ma dal "fine" dato all'impresa: disumana, quando lo scopo del produrre è unicamente la merce; umana, quando il produrre la merce ha come scopo lo sviluppo personale e comune della comunità civica. Resta comunque che, quando nel rapporto tra lavoratore e cittadino il concetto di cittadinanza (meglio sarebbe dire di "concittadinanza") passa in secondo piano, ciò che scompare alla vista è l'uomo. In quanto il lavoratore, nell'assumere la quasi-totale importanza, si "mangia" il rapporto uomo-cittadino.
[29] Secondo Emanuele Severino il discorso sul nichilismo tra Jünger e Heidegger è da loro mal posto, in quanto non pongono a suo fondamento il perché, nel pensiero dell'Occidente, la cosa-lavoro si è trovata ad essere "un niente". Una precisazione essenziale che, a svilupparla, porterebbe lontano.

Sia ben chiaro che, in tutto il discorso che stiamo facendo, non vi è alcuna volontà di demonizzare il lavoro. Diciamo invece l'opposto, e cioè che il lavoro umano ha da essere un *lavoro liberato* da ogni sfruttamento che lo rende "disumano". Conclusione a cui si deve pervenire in virtù di quanto esige l'ontologico modo d'essere dell'esistenza umana, onde sia "veramente umana". Ma si badi bene: non vi è nulla, in ciò che diciamo, di quell'"edificante umanismo" che, nel rendere il Lavoro "umano", lo rende, direbbe Nietzsche, "troppo umano" sì da condurlo al punto di fare del lavoro solo "la fortuna" di trovare un padrone.

Riprenderemo a parlare di questo "disagiato" aspetto del lavoro nel paragrafo intitolato "Il diritto al lavoro del malato mentale". Qui bastino alcune semplici annotazioni, frutto di un'amara e quotidiana constatazione. Vediamo infatti la Sinistra che, nonostante le buone intenzioni di qualificare il lavoro, si trova *in realtà* nella necessità di lottare unicamente per *un posto* di lavoro. Mentre dall'altra, vi è la Destra che, pur volendo dare maggior felicità alla vita umana, riduce *di fatto* l'essere umano a puro *strumento di lavoro* (giustificando una tale scelta per il fatto che l'Azienda non sta in piedi se non regge alla concorrenza). Due modi diversi che, tuttavia, pervengono alla fine al medesimo

---

Qui ci basta segnalare che in questi giorni perfino il Pontefice romano ha predicato di guardarsi dal "Dio-lavoro" (che si è instaurato ormai nel mondo allo stesso modo del suo idolatrico fratello maggiore il Dio-danaro). L'indifferenza totale in cui è caduto quel monito, sia tra i credenti come tra i non credenti, la dice lunga sul fatto che, nella mente di tutto il mondo, la più sacrosanta e universale "verità" è ancora (e quasi soltanto) il "lavoro". Va ricordata qui la tesi che Hannah Arendt sostiene nel suo libro "Vita Activa" (Bompiani Editore 1989), secondo la quale, a tutt'oggi, la condizione umana vive la sconfitta dell'agire politico (proprio dell'homo-civis) infertagli dall'operare dell'animal-laborans (cioè, il puro lavorare fisico del corpo che non conosce gli strumenti del lavoro prodotto dalla mani dell'homo faber. Il quale, tuttavia, neppure lui è emerso nel mondo, in quanto non conosce il significato che sostanzia gli strumenti che ha in mano).

risultato: la concezione economicistica della vita umana, la vittoria, appunto, dell'*animal laborans* sull'*homo faber* e sull'*homo civis*.

Vi è poi un altro guaio su cui conviene riflettere. La concezione economicistica della vita, nell'indurre il cittadino a vedere il posto di lavoro unicamente come luogo di produzione, lo porta anche a vedere lo Stato unicamente come erogatore di Servizi di cui egli, in quanto cittadino, ne ha diritto. Un diritto, però, che spesso finisce con l'esonerarlo da ogni impegno di responsabilità civica. E un diritto, quale che sia, qualora non venga garantito e sostenuto da un adeguato dovere, diventa "subordinazione" per il debole e "privilegio" per il forte. La qual cosa, detta in altri termini, è che il cittadino (fonte del potere civico), quando smarrisce la responsabilità a cui un tale potere lo chiama, viene ridotto, e si lascia ridurre, da *cittadino-sovrano* a *servo-cliente* o a *servo-prepotente*.

Ma, ahinoi!, vi è ancora un altro guaio cui porre mente, ed è che, quando il Sociale si sostituisce al Politico, in tale sostituzione la natura politica del "bene", non essendo più garantita dall'agire politico, diventa la semplice amministrazione di bisogni-e-diritti in cui, alla fine, il cittadino si trova ad essere sì il detentore di un diritto, ma con tutta la debolezza che è propria del "diritto del bisognoso". In altre parole: nel sostituire il *semplice amministrare* all'*agire politico*, chi più di tutti ne va di mezzo è il cittadino (meglio sarebbe dire: il "con-cittadino") che da *fonte del Potere* diventa la *foce espropriata di ogni potestà*. La conferma di quanto stiamo dicendo è in quanto abbiamo già fatto notare, e cioè che, nella mente della gente, "Istituzione pubblica" sono solo quelli che in essa hanno un ruolo di comando, perché quelli che dentro vi lavorano, sono semplici "dipendenti", e il cittadino che ne sta fuori, è soltanto l'"utente-cliente".

Toppe e rammendi

La Costituzione italiana, come si addice ad ogni Costituzione "civile", contiene norme programmatiche e norme precettive: i principi, e le regole. I principi che, nella loro universale sapienza, costituiscono e difendono l'essenziale struttura della Comunità, e le regole che, nella loro discrezionale saggezza, applicano i Principi in modo che la "Legge uguale per tutti" tenga conto che non tutti, date le differenti condizioni sociali, sono uguali di fronte alla legge. Sapienza e Saggezza dunque che, mettendo insieme mente e cuore, s'adoperano a che, nella Comunità, siano date ai cittadini "pari opportunità"[30].

Le toppe e i rammendi di cui parla il paragrafo si riferiscono all'uguaglianza che le norme programmatiche "riaffermano" nei riguardi dei lavoratori (articolo 3), e all'uguaglianza che le norme precettive "riaffermano" nei riguardi delle donne (articolo 51).

Per esprimere più compiutamente il nostro punto di vista vediamo quanto dice la Costituzione nell'articolo 2 dei Principi Fondamentali. «La Repubblica riconosce e garantisce i *diritti*

---

[30] Sì è però che le "pari opportunità" (si veda quanto avviene in Italia), quando sono promosse unicamente a salvaguardia della parità dovuta alla donna nel mondo del lavoro o nella carriera politica, vanno a negare la pari dignità dei cittadini che la Costituzione garantisce senza distinzione di sesso. In altre parole: quando le "pari opportunità", anziché essere il "diritto politico del cittadino", sono considerate la soluzione dei problemi che hanno le donne, riducono la *sovranità del diritto* alla *mendicità del bisogno*. Quasi che le donne in Parlamento non siano lì a rappresentare l'integrità del potere del cittadino, ma unicamente i diritti o i bisogni delle donne. Buttando così nel nulla la feconda intuizione di verità politica dei movimenti femminili quando, dentro le piazze e lungo le strade, gridavano che ad essere "politico" non è il genere, né maschile né femminile, ma il "personale".

54

inviolabili dell'uomo, sia come singolo sia nelle formazioni sociali ove si svolge la sua personalità, e richiede l'adempimento dei *doveri inderogabili* di solidarietà politica, economica e sociale». Abbiamo messo in corsivo "diritti inviolabili" e "doveri inderogabili" onde sottolineare che, nella nostra Costituzione, "diritti-e-doveri" sono "implicazione" al contempo "personale-e-comune". La Repubblica cioè, nel riconoscere e garantire all'uomo l'inviolabilità dei suoi diritti personali, vuole da lui l'adempimento degli inderogabili doveri sociali. In sostanza, qualora il cittadino non si ritenga "concittadino", o non si comporti come tale, entra in una contraddizione che non gli è consentita, in quanto la città è di sua natura "pluralità" di uomini-e-beni al contempo pubblici-e-privati. Un modo d'essere, questo, che, a ben guardare, non è solo della Città, ma dell'intera condizione umana. Intendendo con ciò dire che l'uomo non può essere concepito né "assolutamente privato" (da vivere nel mondo come un "separato"), né "assolutamente pubblico" (da non avere nel mondo una "propria" identità personale).

Detto questo, passiamo all'articolo 3. Nel primo comma si dice: «Tutti i cittadini hanno pari dignità sociale e sono uguali davanti alla legge, senza distinzione di sesso, di razza, di lingua, di religione, di opinioni politiche, di condizioni personali e sociali». E nel secondo comma si precisa: «È compito della Repubblica rimuovere gli ostacoli di ordine economico e sociale, che, limitando *di fatto* la libertà e l'uguaglianza dei cittadini, impediscono il pieno sviluppo della persona umana e l'effettiva partecipazione *di tutti i lavoratori* all'organizzazione politica, economica e sociale del Paese». (Il corsivo è nostro).

La nostra tesi afferma che, porre all'interno di un principio fondamentale una situazione di fatto (che andrebbe regolata dalle norme precettive), anziché favorire il soggetto di cui si parla, ne sottolinea la debolezza. Soggetto che, nel nostro caso, è il "cittadino/lavoratore". In altre parole: è proprio perché si è messo a fondamento della Repubblica il lavoratore, e non, il cittadino, che la dignità sociale, e l'uguaglianza legale dei cittadini, proclamate dal primo comma dell'articolo 3, si trovano a fare, nel secondo comma del medesimo articolo, un passo indietro tanto per il cittadino come per il lavoratore. Ed è il motivo per cui diciamo che la Costituzione, invece di garantire al lavoratore in virtù di un suo proprio fondamentale diritto, la sovranità dell'essere-cittadino, sorreggere invece quel principio con una toppa e un rammendo, che vengono espressi nel rimarcare che *anche* ai lavoratori spetta "l'effettiva partecipazione all'organizzazione politica, economica e sociale del Paese", e cioè il sovrano diritto-potere del cittadino. Insomma, la beffa è che, mentre nel primo articolo della Costituzione i lavoratori sono i "fondatori" della Repubblica, nel secondo comma del terzo articolo, ne sono invece i "parenti poveri": dalle stelle alle stalle! E questo è vero per il lavoratore come anche per il cittadino. Né poteva essere altrimenti, dal momento che, nell'esaltare il ruolo del lavoratore, si è andati a declassare l'uguaglianza "costituzionale" che conferisce *sovranità personale* a ogni cittadino. Un risultato che è poi, né più né meno, quanto paventa lo stesso secondo comma dell'articolo 3, per il quale la "limitazione" (politico-costituzionale) della "libertà e uguaglianza dei cittadini" va a impedire «il pieno sviluppo della persona umana[31]».

---

[31] Pensiamo di non errare nel ritenere che la toppa e il rammendo di cui parliamo sia il colpo di coda dei "padri fondatori" appartenenti alla Sinistra sociale, i quali, essendo stati battuti al secondo comma dell'articolo 1 ("la sovranità appartiene al popolo", e non, come volevano, "ai lavoratori"), si rifanno alla fine del secondo comma dell'articolo 3 (la toppa e il rammendo in questione mettono maggiormente in risalto la presenza del buco: "peso el tacon del buso", dice un proverbio veneto). Va comunque riconosciuto che il secondo comma dell'articolo 3, da noi messo a questione, ha avuto un ruolo determinante nel conseguire in Italia il diritto "a tutti i lavoratori" di organizzarsi sia politicamente che socio-economicamente. Vedi la legittimità che hanno taluni partiti politici che, volutamente, si definiscono "operai". Per non parlare poi del legittimato potere che hanno i differenti movimenti sindacali. (Di contro, si tenga tuttavia presente che, a tutt'oggi, la maggioranza dei cittadini che siedono in Parlamento è costituita da

Non vorremmo tuttavia essere fraintesi, e cioè che, in quanto abbiamo detto, non concedessimo ai lavoratori tutto ciò che di bene e di giusto è stato da loro storicamente realizzato e salutarmente istituito. Quello che intendiamo dire, invece, è che i lavoratori possono conseguire, di fatto, libertà e uguaglianza solo se questi beni diventano ineludibile conseguenza dell'*essere-cittadini*. In altre parole, sosteniamo che il Diritto al lavoro (condizione indispensabile di libertà e uguaglianza) è garantito solo se fondato sui Diritti del Cittadino (fondati a loro volta sul *Bene* di essere-uomo)! Per cui, a nostro avviso, il dettato costituzionale del primo comma dell'articolo 1, anziché frenare la corsa alla "mobilitazione totale" del lavoro, ha contribuito anch'esso ad accelerarne il corso. Tanto che oggi, a reggere lo Stato e a dettare le sorti al popolo italiano (come del resto in tutto il mondo), non è la sovranità della Politica, ma la sua sottomissione all'Economia[32].

L'altra "toppa e rammendo" che intendiamo analizzare, si trova all'art.51 (Titolo IV, Rapporti politici). «Tutti i cittadini *dell'uno o dell'altro sesso* possono accedere agli uffici pubblici e alle cariche elettive *in condizioni di uguaglianza*, secondo i requisiti stabiliti dalla legge». Che senso può avere l'articolo 51 se all'articolo 3 dei Principi Fondamentali si proclama che tutti i cittadini sono uguali di fronte alla Legge, senza distinzione di

---

professionisti o da proprietari "censitariamente" abbienti. Il che dimostra quanto fosse realistica la preoccupazione espressa dal secondo comma dell'articolo 3 in difesa di "tutti" i lavoratori).

[32] Sottomissione a una Economia nella quale il "Bene-essere" dell'uomo non è un "bene politico" di cui possano goderne tutti, ma il "Benessere" di cui, a goderne, sono solo coloro a cui è dato, non, per diritto comune, ma per favorevoli condizioni personali. Tuttavia, nel dire ciò, non vorremmo essere fraintesi. Lungi da noi mettere in dubbio la raggiunta ricchezza personale in virtù di una legittima attività lavorativa. Perciò la nostra critica riguarda invece l'illegittimo andazzo racchiuso nella prassi politico-economica che vede la socializzazione delle perdite e la privatizzazione degli utili.

sesso? L'unica conclusione da trarre è che, quanto viene detto nell'articolo 3, non è vero. Come a dire: ogni cittadino è sì, *di diritto*, uguale di fronte alla Legge, ma, *di fatto*, per le donne non ha da essere così. L'unica supposizione che ci sembra verosimile è che i Padri costituenti, consapevoli della discriminazione sociopolitica che subiscono le donne da parte dei maschi in corsa al Potere, abbiano cercato con l'articolo 51, di ricucire, con una toppa e un rammendo, lo strappo che la prassi politica maschile ha inferto alla veste costituzionale dell'articolo 3.

Sì è che, purtroppo, all'astuzia della mente maschile non c'è rimedio. E infatti, quando questo articolo fu portato dalle donne in Parlamento, il maschile andò a dividerle. (*Divide et impera!*). Un dissidio che vide tra le donne coloro per le quali la soluzione di quel problema andava vista ontologicamente (e cioè come uguale destino dell'*essere*), e coloro che ne facevano soltanto una questione di opportunità antropologica (e cioè come "dettato" di ciò che al momento è più conveniente).

Per meglio dire, al proposito, il nostro punto di vista, portiamo ad esempio le "quote rosa". Non è certo il caso di parlare di Democrazia là dove una determinata nazione concedesse unicamente ai maschi di poter entrare e uscire liberamente dai propri confini, e stabilisse invece che le donne lo possono soltanto secondo una determinata quota stabilita per legge dai maschi. Che è quanto avviene appunto in Italia con l'istituzione delle "quote rosa", le quali obbligano le donne ad entrare in Parlamento passando sotto la conta delle forche caudine imposte dal dominio maschile[33]. Chi sostenesse che i Partiti

---

[33] La beffa oltre che impolitica è anche nefanda. Perché si è andati a prendere il colore rosa che, nel costume quotidiano di ogni famiglia, dice il gioioso annuncio fatto al mondo per la nascita di una donna. Al proposito, c'è da consigliare ai Vescovi in Italia (e agli uomini politici che si dichiarano cattolici) di tenere presenti le parole della lettera Enciclica *Pacem in Terris* là dove si parla dei *Segni dei tempi*. Dove al numero 21 è detto che tra i fenomeni che caratterizzano l'epoca moderna vi è «un fatto a tutti noto, e cioè l'ingresso delle donne nella vita pubblica. [...] Nella

politici in Italia non sono più "arroccate strutture" di Potere in mano al maschile, è evidente che non conosce la qualità dell'acqua che scorre dentro i rubinetti in mano ai Partiti!

Per nostra fortuna, nel Parlamento italiano vi sono donne pienamente consapevoli che la questione delle "quote rosa" va vista e dibattuta a partire dall'Ontologia. Stando alla quale le donne in Parlamento non vanno a rappresentare il "genere femminile", ma tutti i cittadini. Confermando così il messaggio politico dei movimenti femminili, secondo cui non è il genere, né maschile né femminile, ad essere *politico*, ma il *personale*! Che è anche quanto recita l'articolo 3 della Costituzione, da cui si evince che il cittadino, prima ancora di essere maschio o femmina, è "integrità di potere civico". In conclusione: è un'evidente mancanza di senso politico pensare che un uomo o una donna siedano in Parlamento perché mandati dal "genere" a cui appartengono, in quanto essi siedono invece su quegli scranni solo in quanto sono *rappresentanti politici* della sovranità-politico-personale di ogni cittadino[34].

---

donna, infatti, diviene sempre più chiara ed operante la coscienza della propria dignità. *Sa di non poter permettere di essere considerata e trattata come istrumento; esige di essere considerata come persona, tanto nell'ambito della vita domestica che in quello della vita pubblica*». (Il corsivo è nostro)

[34] *Timeo Danaos et dona ferentes*, dice Virgilio parlando dei greci. Un'affermazione che, tradotta nel linguaggio del discorso che stiamo facendo, suona: è proprio quando i maschi in Parlamento fanno dei doni alla donna, che questa dovrebbe stare sul chi vive! Vi sono doni che a non starci attenti finiscono con l'essere il monumento che erige, a proprio favore, il donante. Certo, sembra già alle nostre spalle il tempo in cui i ministeri concessi alle donne erano solo quelli vicini all'onere/onore riservato ad esse in casa: l'Assistenza e la Famiglia. (E non è un caso se Rosy Bindi, Ministro della Sanità, volendo fare giustizia nel privilegiato lavoro dei medici in Ospedale, venne d'un tratto mandata a casa dagli stessi maschi che l'avevano scelta). Quanto poi al ministero delle "Pari opportunità" in mano alle donne, è una scelta che invece di essere una rampa di lancio verso l'uguaglianza politica dei cittadini, rischia di essere la consacrazione

59

Sembra quasi che il maschile, per difendersi dalla paura di essere coinvolto dal femminile al Potere, non abbia migliore scelta che quella di dividere in due l'integra natura del potere politico, conferendo alle donne il compito di rappresentare *unicamente* le donne, e agli uomini il compito di rappresentare *tutti* i cittadini. Prima che una tale divisione perda le sue false pretese, del tempo ne passerà. Anche se fa ben sperare l'osmotico modo con cui, giorno dopo giorno, le donne impongono la loro capacità di governo, facendo vedere che quanto viene negato al femminile da parte del maschile, non è la poca "capacità politica delle donne", ma lo *specifico modo con cui la donna intende la sovranità del potere politico e il suo esercizio*[35].

La via Crucis del malato mentale in cerca del "diritto al lavoro" e le interdizioni del dio-lavoro

Il paragrafo è lungo, ma è lunga anche la via crucis di cui parla. Abbiamo già detto che la Forma Lavoro, una volta istituitasi come "mobilitazione totale", butta nel nulla la sovranità propria di ogni esistenza umana. È questa la vicenda che constateremo percorrendo la Via Crucis cui è costretto il malato

---

parlamentare di una subordinata diversità.

[35] Come si sa, è l'esercizio del potere che fa potere. Quell'esercizio politico che alla donna è sempre stato interdetto (vedi quanto tardi e con quali fatiche si è imposto il "diritto al voto" anche alle donne). La realtà politica vive di giorno in giorno sempre più nella complessità della relazione dialogica, significata graficamente dallo scontro-incontro "e/o". Relazione dialogica che il femminile (non corrotto dal maschile) realizza mediante la concezione analogica dell'et/et, diversamente quindi dalla concezione logica dell'aut/aut che caratterizza invece il comportamento maschile. E poiché il corso storico della crescente complessità globale esige l'esercizio di capacità analogiche (anziché l'intervento di logici tagli netti), il maschile, se non si converte al femminile, rischia di perdere l'autobus su cui oggi corre la storia.

mentale, quando ha la fortuna di staccarsi dal necessario "grembo" della Comunità terapeutica e s'adopera per farsi assumere in un luogo di lavoro.

Vi sono testi di Sociologia secondo i quali la "devianza" sarebbe una *costruzione sociale*. Ma, se può essere vero che là dove non c'è norma non c'è neppure devianza, non per questo si deve concludere che è la Legge a fare il deviante! Si deve però evitare che la legge stabilita in aiuto al "bisognoso di cura" vada a legittimare il comportamento privato e pubblico di chi riduce la "menomazione" fisica o psichica a una "minorazione sociale".

Il Progetto Obiettivo intitolato "La tutela della salute mentale 1998-2000" è di lodevole fattura, e tuttavia ancora si può dire che in Italia manca un *progetto politico* per la presa in cura dei malati di mente. Manca un progetto politico perché ciò che manca è proprio la *concezione politica* della malattia mentale. In altre parole: invece di vedere che la follia è, in tanta parte, una malattia a sfondo storico-sociale (per cui ogni secolo ha la propria follia), la si vede unicamente come menomazione biologica. Tant'è che si è preoccupati di curare solo la follia delle singole persone, e mai la follia di intere città. (Comportamento biologico-privatistico dettato dalla concezione mutualistica della salute che, essendo fondata unicamente sulla biologia dell'uomo, viene intesa come semplice assenza di malattia, per cui si cura puramente lo stato di malattia, trascurando le cause sociali che possono averla prodotta. Un'attenzione che ci obbligherebbe anche in Italia a mutare, come è stato in Inghilterra, "la cura pubblica della salute" in "la cura della salute pubblica").

Nel mondo occidentale, prima che s'imponesse la produzione industriale, la follia era parte dell'anima. Poi ne è diventata invece la controparte. Da essere ritenuta "pericolosa", non tanto per la natura specifica della malattia, quanto piuttosto perché, in quello stato di malattia, l'uomo non può più essere usato come "efficiente macchina produttiva"[36].

---

[36] Riteniamo che la follia, nell'andare a smascherare il volto disumano del

61

Il malato mentale, nonostante la disastrata condizione in cui vive, è pur sempre un essere umano. Ma l'affermazione secondo cui l'uomo è, di sua natura, *sempre e comunque* un "bene", non è convinzione comune. (Non certo, ad esempio, per chi sostiene "la pena di morte"). Resta tuttavia da considerare che la verità insita nel concetto di privazione fa sì che perfino il male sia considerato (vedi sant'Agostino) solo "mancanza di bene" (*privatio boni*). Un concetto per cui, nella privazione, non viene negata la natura ontologica del "bene-uomo" che, anzi, finisce, a ben guardare, con il metterla maggiormente in rilievo. Tanto che l'imperfezione umana (e quindi la privazione) caratterizza a tal punto la condizione umana, da trovare addirittura chi (vedi la Rita Levi Montalcini) di quell'imperfezione ne fa l'elogio[37].

A fare uscire Lazzaro dal sepolcro è bastato un unico grido d'amore. Ma ciò fu possibile perché Cristo era un Dio. Aspettarsi altrettanto dalla Comunità umana sarebbe speranza sacrilega, anche se fu detto che, ad aver fede, si riesce persino a far camminare le montagne. Fatto sta che in Italia ci sono voluti cinquant'anni di Democrazia (dal '44 al '92) per far uscire il malato mentale dalla "morte civica" di un manicomio e portarlo a vivere, una volta superata la fase acuta della sua follia, in un

dio-lavoro, svolga un ruolo di "bene politico". La privazione (e la malattia mentale è privazione) è concetto difficile e, per certi versi, misterioso. Almeno si riconosca alla malattia mentale quanto il suo disastrato stato renda evidente e illumini la benefica fecondità di comunicazione che ha una mente in buona salute. Allo stesso modo che l'impotenza di una mano mozzata, parla dell'immensa eredità di bene che ha in sé la mano portata in salvo.

[37] Sulla concezione che vede il male soltanto come "privazione" del Bene è stato scritto parecchio. Nella riflessione cristiana il male assoluto dei manichei non può esistere, perché in tal caso Dio non sarebbe l'assoluto bene. Ed è il motivo per cui, nella Teologia cattolica, Dio ama anche il Diavolo, perché, nonostante l'odio che lo contraddistingue, il Diavolo è pur sempre un essente che "è". Di modo che, qualora Dio non amasse il Diavolo, in quanto appunto *essente-che-è*, non amerebbe neanche se stesso: il suo essere-Amore.

ambiente di lavoro. Cinquant'anni per riconoscere anche a lui il "fondamentale" diritto al lavoro che la Repubblica italiana dice di volere per tutti i cittadini, assumendosi anche l'impegno di «*promuovere le condizioni* che rendano effettivo» questo diritto.

Ecco, per sommi capi, le tappe principali della via Crucis di cui parla il titolo dato a questo paragrafo. Incominciamo dalla legge del 2 Aprile 1968 n. 482, la quale, mentre prevede l'obbligo d'assunzione nel lavoro per orfani, invalidi di guerra e civili, sordomuti e ciechi, *esclude i portatori di handicap psichico*. Un'interdizione che cessa con la legge del 30 Marzo 1971 n. 118, stando alla quale rientrano nelle "categorie protette" tutti i cittadini affetti da menomazioni congenite od acquisite, anche a carattere progressivo, *compresi gli irregolari psichici*, purché, si dice, abbiano subìto una riduzione permanente della capacità lavorativa non inferiore a un terzo di quanto dal lavoro è richiesto.

Nel giugno del 1972 la Società italiana di Psichiatria, in base ad esperienze sviluppate in alcuni ospedali e territori d'Italia, elabora le "Linee programmatiche per l'assistenza psichiatrica". L'intenzione è quella di passare dalla "detenzione" alla "terapia", e uscire una buona volta dall'ambiguità di fondo in cui si svolgeva l'assistenza psichiatrica, sempre a mezzo tra cura e custodia.

Il 13 maggio del 1978 arriva in Italia la legge 180, che decreta la fine degli ospedali psichiatrici, e inquadra l'Assistenza al disturbo psichico nell'ambito della Sanità generale[38].

Non abbiamo intenzione di soffermarci sugli ostacoli cui andò incontro l'attuazione della legge 180. Diciamo solo che ci fu chi ne parlò come di un "monumento senza piedistallo", e chi, di una "deospedalizzazione selvaggia". Una diatriba tra sostenitori e

---

[38] Da notare che, a lato del percorso legislativo che stiamo facendo, esce la legge del 11/2/1980 n. 18, la quale, nell'istituire l'indennità di accompagnamento, dice che, a determinate condizioni, *tale indennità viene data anche a chi accompagna i portatori di handicap psichico.*

avversari in cui, spesso, le ragioni messe in campo dall'una e dall'altra parte erano in realtà "pretesti interessati".

Da ultimo, a mettere fine al percorso da noi elencato, arriva la legge del 5 febbraio 1992 n. 104 titolata "Legge-quadro per l'assistenza, l'integrazione sociale e i diritti delle persone handicappate". Sia detto, ad onor del vero: questa legge è veramente pregnante, e per la molteplicità dei contenuti, e per la qualità di indirizzo programmatico che contiene. Leggendo tra le righe troviamo anche che, in ordine al lavoro, la normativa sul *collocamento obbligatorio si applica anche agli invalidi psichici* (qualora abbiano una capacità lavorativa che ne consenta l'impiego in mansioni compatibili. L'accertamento del grado di menomazione spetta alla commissione medica dell'Unità Sanitaria Locale).

I libri che parlano della storia della follia in Occidente affermano che essa, prima della rivoluzione industriale, era considerata una "parte" dell'anima, e che solo poi ne diventò la "controparte". Il che avvenne quando la razionalità calcolante della Ragione stabilì "pericoloso e irrazionale" tutto ciò che non rientrava dentro il raggio della propria ragion d'essere: "razionalità calcolante" appunto. Fortunatamente a sfatare le pretese verità di una sì fatta Ragione è venuta, per buona sorte dei malati mentali, l'Antipsichiatria. La quale, sostenendo che non necessariamente la Psiche umana è quella che risulta dallo studio della scienza psichiatrica, in taluni casi andò tanto "oltre" da affermare (vedi Thomas Szasz) che, sia la malattia mentale come la psicoterapia, sono un mito *inventato* dalla scienza psichiatrica al servizio del Potere intento a garantirsi l'asservimento sociale[39].

---

[39] In effetti, l'Antipsichiatria ci ha insegnato a non ridurre la malattia mentale alla paura che ne abbiamo. Paura che, nel cercare il rimedio, rischia di mettere in atto atteggiamenti di difesa che sono peggiori del male da cui si difende. Dice Szasz: «La malattia è una condizione abnorme del corpo. Il termine *malattia mentale*, in quanto si riferisce a comportamenti che imitano la malattia [...] designa condizioni che non sono malattie» (Il Mito della Psicoterapia, Feltrinelli Editore, Milano 1981, p. 14). Una conferma

Sulla perfida astuzia della "Ragione calcolante" vi sarebbero molte cose da dire, proprio in relazione al malato mentale. Ci soffermiamo solo su un punto: il comportamento della Ragione calcolante determinato dal fatto che l'agire del malato mentale sfugge al controllo di ogni calcolo di probabilità prevedibile. (Comportamento imprevedibile che la Ragione calcolante chiama "delirio", ovverosia, l'uscita dal solco della Ragione). La Ragione calcolante (che si nutre di ciò che è già accaduto e quindi "provabile", cioè esperimentabile), per non essere desituata dall'imprevedibilità del possibile (il mai-accaduto), afferma, quale incontrovertibile dato scientifico, che una qualsiasi cosa che non abbia in sé "prevedibile razionalità" non è "reale" (per concludere, alla fine, che, nella mente dell'uomo, ciò che non è verificabile con il metodo desunto dalla scienze della Natura, razionalmente intesa, è privo di senso e, pertanto, è soltanto "follia"[40]).

Come abbiamo detto, la "mobilitazione totale" ha fatto della Forma Lavoro il dio Moloc che mangia i propri figli. Ultimamente a ricordarcelo è stato il Pontefice romano ammonendoci a non fare del lavoro un idolo (il dio-lavoro). Cosa strana: quando il Pontefice parla di Famiglia si spalancano tutti i

---

che viene anche da Gadamer, là dove parla della salute in genere. «La salute non è precisamente un sentirsi ma un esserci, un essere-nel-mondo, un essere insieme agli altri uomini ed essere occupati attivamente e gioiosamente dai compiti particolari della vita». (Dove si nasconde la salute, Cortina Editore, Milano 1994, p.122). Ciò significa che la Salute, più ancora di essere "biologia", è *storica realizzazione sociale.*

[40] Se stiamo al "tentativo terapeutico" intrapreso da Franco Basaglia nell'ospedale psichiatrico di Gorizia prima, e a Trieste poi, vediamo che non è possibile liberare dalla follia le persone rinchiuse *dentro* le mura di un manicomio fintantoché "la paura della follia" resta nelle persone che ne stanno *fuori*. Paura che è la principale causa-pretesto della riduzione della "cura" a "detenzione". La conclusione è che: prendere in cura il malato mentale senza curare la città, porta al fallimento della cura sia del malato dentro l'Istituzione come della "maggioranza deviante" che, in città, vive fuori.

microfoni dentro le sedi televisive, i supermercati, le stazioni ferroviarie, ovunque insomma dove s'aggregano i cittadini italiani. (Senza tener conto di taluni Partiti politici che accompagnano il discorso del Papa in proposito con tanto di tamburi). E, invece, quando il Pontefice ci mette in guardia a non fare del Lavoro un Idolo, né a Destra, né al Centro, né a Sinistra ha microfoni a sua disposizione, e anche i tamburi degli interessati politici diventano improvvisamente muti e sordi[41].

Se la *presa in cura* del malato mentale porta in primo piano il concetto politico del suo *essere-città*, il recupero che riesca a farlo capace di una qualche possibilità di lavoro, porta invece in primo piano l'*essenza del lavoro umano*. (Teniamo presente che, oggi, la "mobilitazione totale" della Forma-lavoro è guidata dalla Tecnica. Mobilitazione totale e Tecnica sono le due "prepotenti figure"che, l'una a destra, l'altra a sinistra, siedono a tavola con quell'"inquietante ospite" che è il Nichilismo"[42]).

---

[41] Mai, a nostro avviso, come con quel discorso il Papa ha messo il dito nella piaga di questa nostra "infelice" civiltà. Dove in Italia la situazione vede, da un lato, le Sinistre che, in cerca di voti, hanno ancora come cavallo di battaglia non, la qualità del lavoro, ma pressoché unicamente la richiesta di "un posto di lavoro"; e dall'altro lato, la Destra, il cui ricco portabandiera combatte con incessante accanimento la concezione puramente produttivistico-materialista del comunismo-marxista, senza avvedersi che di tale concezione dell'economia e della vita ne è, l'Italia, la più evidente incarnazione. Anche se è evidente che è il "comunismo" che non vuole, non, il "marxismo"!
[42] Ed è il Nichilismo, tanto quello di cui abbiamo parlato riportando il diverbio tra Jünger e Heidegger, quanto quello di cui parla Severino là dove afferma che «Dio e la tecnica moderna sono le due fondamentali espressioni del nichilismo metafisico». Facciamo notare che, a causa della "mobititazione totale" della Forma Lavoro, mentre la produttività della Tecnica è *tutto*, la Persona invece è *niente*. Un concetto questo che, riferito alla Persona malata di mente, fa di lei un *pericoloso niente*. E visto che il nichilismo è stato da Nietzsche distinto in "attivo" e "passivo", quello di cui si fregia il malato mentale è il pericoloso nichilismo attivo.

66

Oggi le ASL (Aziende Sanitarie Locali) sono dotate, come un tempo le USSL, di un Servizio sociale denominato SILD (Servizio inserimento lavoratori disabili) che collabora con le Comunità d'Assistenza. La mendicità che vive tale Servizio ogni qualvolta bussa alle porte del mondo del lavoro, è l'uguale mendicità, e anche peggiore, di quella che vive il povero lungo le strade quando bussa a una ricca porta di casa che non gli vuol aprire[43].

Sisifo, nell'Inferno di Dante, è alle prese con un masso da rotolare alla cima di un monte e che, però, raggiunta la cima, puntualmente precipita a valle. Come è nel caso del SILD quando bussa alla porta di una qualche Azienda in cerca di lavoro per un malato mentale (una volta recuperato a tale scopo dalla Comunità terapeutica). Promesse e ancora promesse, che sono sempre unicamente "rifiuto". E, questo, nonostante gli incentivi (la diminuzione di tasse, ad esempio) che vengono legalmente dati al padrone, quale compenso del "danno" che la sua Azienda riceve a causa dello scarso rendimento produttivo del malato mentale.

Un tempo c'era l'obbligo di rinchiudere la persona malata di mente in un manicomio perché "dannosa a sé e agli altri". È una storia che ancora continua. Oggi, "gli altri" a cui il malato mentale fa danno, sono i profitti d'Azienda. E il danno che egli produce a se stesso, è quello che gli viene quando va a vivere tra i compagni di lavoro, fuori cioè dalla Comunità d'Assistenza. Compagni di lavoro, i quali, non per malignità d'animo, ma perché così vuole l'economia del profitto, ritengono impensabile che la dimezzata prestazione del malato mentale possa dirsi "prestazione di lavoro". Per cui se, per lo più, magari gentilmente, lo sopportano e ne hanno compassione, difficilmente ai loro occhi

---

[43] Si tenga presente che stiamo parlando di una legge che garantisce ai malati mentali il diritto al lavoro una volta che ad esso, da un'apposita commissione sanitaria, siano stati dichiarati idonei. Quindi, ciò che viene chiesto ai padroni d'Azienda, è di attuare una legge che, per la scelta che fanno, li garantisce, dando incentivi vari. Sì è però che, quando manca il senso civico, non ci sono leggi e incentivi che tengano!

è un cittadino che ha, come loro, un *pari diritto* al lavoro. E, nella loro testa, come per pietà è stato assunto, così anche, nel posto di lavoro, da loro è considerato e tollerato. Così che il malato di mente, allo stesso modo che come "corpo estraneo" al lavoro entra, così, come "corpo estraneo" sul luogo del lavoro rimane[44]

Speriamo di non essere fraintesi! Non siamo qui a prendercela con gli operai e i padroni d'Azienda. Sappiamo anche noi che l'Economia è una scienza che ha le proprie inderogabili regole, stando alle quali, se un'azienda non resiste alla concorrenza, non sopravvive. Quello che noi abbiamo sollevato è un problema di Civiltà, ed è quindi un problema che solo in parte riguarda l'Economia. Pensare che un tale problema abbia soluzione unicamente dentro la sfera dell'Economia, è frutto della mentalità oggi imperante che affida all'Economia tutto *il senso e la misura* da dare sia all'Etica, che alla Cultura, alla Politica, al Diritto, alla Religione e quant'altro.

Volendo concludere e concretizzare il discorso sulle persone malate di mente ricuperate al lavoro, diciamo che ciò che manca per loro sono le "Istituzioni di passaggio". In quanto, se è assolutamente vero che le Istituzioni terapeutiche di prima accoglienza sono una buona cosa e indispensabile al malato di mente, va anche da sé che queste si ridurrebbero ad assurdi luoghi di detenzione, qualora continuassero ad ospitare colui che hanno curato affinché abbia da viverne fuori. Per cui, le Istituzione di passaggio a cui abbiamo accennato, dovrebbero servire proprio a

---

[44] Nel nostro lavoro di Operatori sociali abbiamo visto casi di persone malate di mente ricuperate al lavoro, le quali, dopo averlo trovato, lo hanno abbandonato per ritornare a vivere nella Comunità d'Assistenza da cui erano usciti. E se, nella nostra esperienza, solo tre di esse si sono tolte la vita, sarebbe feroce ignominia passare oltre dicendo che, rispetto all'eccidio delle morti bianche sul lavoro, quelle tre morti sono ben poca cosa. Almeno si sappia quello che dalla loro morte abbiamo imparato: che l'ascrivere il loro gesto unicamente alla debolezza della loro mente è una estrema follia: la delirante follia di chi non vede, e non vuole vedere, la follia in cui e di cui vive.

questo: che il malato mentale ricuperato al lavoro non sia costretto a rifugiarsi nuovamente nella comunità terapeutica da cui si è allontanato. Ciò che intendiamo dire, è che i malati di mente possono restare al lavoro solo se le Istituzioni di passaggio di cui parliamo si prendono a cura sia la loro entrata nel mondo del lavoro, sia il potervi rimanere. Facendo in modo, cioè, che tanto i compagni di lavoro quanto il padrone d'Azienda abbiano una formazione politico-sanitaria adeguata alla situazione di "mutuo soccorso" che si trovano a vivere. Dio solo sa quanto beneficio vi sarebbe per la vita di una società civile, qualora pervenisse al concetto che il lavoro, prima di essere uno strumento di profitto, serve a tenere in vita la vita[45]!

---

[45] Si veda quanto scriveva Marx, prima che a fargli cambiar parere venisse il Materialismo dialettico dell'amico Engels. «Il comunismo è la forma necessaria e l'energico principio del prossimo futuro, ma il comunismo non è come tale lo scopo dello sviluppo umano, la forma definitiva dell'umana società. Presupponi l'uomo come uomo e il suo rapporto con il mondo come umano, così tu puoi scambiare solo amore con amore, fiducia con fiducia».

CAPITOLO III

LA SALUTE

Perché ci interessiamo al problema Salute

Il presente capitolo sulla Salute fa parte del libro *Costruire la città* a cui abbiamo più volte accennato. Ed è stato scritto perché, secondo noi, la concezione puramente spontaneo-naturalista della salute è di enorme ostacolo alla "costruzione della città". Sosteniamo infatti che la salute è sì un *dato* della biologia, ma prima ancora è un *fatto* di storia e di cultura.

Dall'insieme dell'intero capitolo si vedrà che la concezione spontaneo-naturalista della salute rimanda al discorso che abbiamo fatto nel capitolo *La Repubblica e il Lavoro*. Infatti una tale concezione della vita è quella che ha l'animal laborans, è cioè la concezione che domina pressoché totalmente la vita dell'homo faber e dell'homo civis (il cittadino). Di qui la necessità (se si intende "costruire la città") di buttare alle ortiche la concezione della salute spontaneo-naturalista, che altro non è che la riduzione dell'esistenza umana a puro "dato biologico": l'imperio della vita della specie, direbbe la Arendt, sulla vita personale dell'uomo.

L'essere umano, al momento della nascita, per quanto riguarda la conservazione della vita, è molto più sprovveduto dell'animale. Infatti, mentre l'animale ha inscritto nell'istinto quanto gli serve per sopravvivere, l'uomo, invece, non essendo dotato di "dati istintuali", ma di "forze puramente pulsionali", se vuol durare a vivere, deve apprendere, tra le "cose" che gli

71

vengono incontro, quale di esse gli sia più conveniente accettare e quale meno: deve cioè *imparare a vivere,* imparare a stare al mondo. E, in questo, la storia dell'evoluzione umana ci ha dimostrato che, nel bene e nel male, il poter-apprendere dell'uomo (in quanto costituita-apertura-di-possibilità), ha fatto dell'ambiente-natura un "fatto di cultura". Cosa ben diversa dalla reazione istintuale dell'animale, che all'ambiente si è soltanto adattato.

Sia chiaro che la nostra critica alla concezione puramente spontaneo-naturalista della salute non intende affatto sottovalutare la vita biologica. Siamo invece qui a domandarci quale sia la strada necessaria a che, nel mondo, vi sia "vita per tutti". Bisogna pur trovarla questa benedetta strada, se vogliamo uscire dal disumano obbrobrio che vede attualmente la vita dell'uomo legata alla fortuna di nascere in questo piuttosto che in quel continente[46]!

La Arendt intitola il penultimo paragrafo della *Vita Activa*: "*La vita come il bene supremo*". E dice che, l'attività lavorativa, che "corrisponde allo sviluppo biologico del corpo umano" (e quindi al "metabolismo laborioso dell'uomo con la natura"), è diventata, nell'età moderna (ed è ancora), l'unica modalità dell'agire[47]. Per comprendere il significato di tali affermazioni bisogna aver presente la tesi di fondo da lei sostenuta in tutto il libro, e cioè che, ancora oggi, il *lavorare* dell'animal laborans

---

[46] In *Costruire la città* parliamo per disteso del dato biologico nel capitolo che ha per titolo "*Il Corpo*". Dove sosteniamo che la vita corporea dell'uomo è "via", non solo di salute, ma anche di salvezza, in quanto atta a "tenere in salvo" la natura dell'uomo affinché non venga "s-viata" *sia* dal correre unicamente in direzione della strada che porta alla vita animale (la vita dell'animal laborans), *sia* dal correre unicamente in direzione della strada che, alienandolo dal proprio corpo, lo porta a vivere tra le schiere degli angeli in cielo.

[47] Si tenga presente che la Arendt con il termine "Vita activa" designa tre fondamentali attività umane: l'attività lavorativa (la vita dell'homo laborans: il corpo che lavora), l'operare delle mani dell'homo faber (la vita del fabbricare strumenti) e l'agire politico (la vita dell'homo civis).

tiene sotto il suo giogo il *fabbricare-cose* dell'homo faber, e l'*agire-politico* dell'homo civis (il cittadino).

Per la Arendt, le più vistose conseguenze di questa disgraziata vicenda sono: la *prima*, che l'*agire politico* si è fatto unicamente *agire amministrativo* (sostituendo cioè il sociale al politico); la *seconda*, che l'homo faber, dopo aver scoperto e dominato il processo di fabbricazione dell'operare, si è lasciato completamente *dominare* dalla potenza della Tecnica (riducendosi così a "produttore di strumenti che producono strumenti"); la *terza*, sta nel fatto che, a tutt'oggi, in tre quarti del mondo il genere umano è solo "animale da lavoro", che si affatica nel tentativo di restare biologicamente in vita perché oltre non sa (e non può) andare[48].

Tutto ciò spiega la vittoria dell'animal laborans in cui l'uomo è ridotto a massa-di-produzione-e-consumo. In sostanza, l'agire "civico-politico" che avrebbe potuto offrire all'uomo "le gioie dello spirito", non ha, invece, saputo liberarlo dall'essere unicamente "corpo di fatica".

Ma vediamo cosa dice la Arendt, parlando della vita come *il* bene supremo. Inizia col domandarsi: «perché fu precisamente l'attività lavorativa a essere elevata al più alto rango delle facoltà umane o, per dirla diversamente, perché tra i molteplici aspetti della condizione umana fu proprio la vita a prevalere su tutte le altre considerazioni?» (Op. cit. pp. 233-234). Riassumiamo la sua risposta. Nell'età moderna la vita si affermò come *il* bene supremo a causa dell'influenza che ha avuto nella società cristiana la credenza fondamentale della "sacralità" della vita. Credenza che persistette, senza mai essere scossa dalla secolarizzazione e dal generale declino della fede. E il cui risultato fu che *la lieta*

---

[48] Si ricordi quanto abbiamo già detto nei riguardi della tecnica citando Ruggenini, il quale afferma che oggi l'uomo non solo è strumento della tecnica, ma ne è anche il materiale d'impiego. Di modo che oggi l'uomo, se stiamo all'espressione della Arendt, è anche produttore di sé come "strumento tecnico". Ciò che fa dire ad alcuni autori che "la tecnica è l'essenza dell'uomo".

novella della immortalità della vita umana individuale, *venne a promuovere* la mortale vita dell'uomo *a quell'immortalità d'esistenza* che, per gli antichi, era solo del cosmo. Poi, testualmente continua: «Questo rovesciamento non poteva che essere disastroso per la valutazione e la dignità della politica. L'attività politica, che fino allora aveva derivato il suo più grande stimolo dall'ispirazione all'*immortalità mondana*, piombava ora al basso livello di una attività soggetta alla necessità, destinata a riparare le conseguenze dello stato di peccato dell'uomo da una parte, e a provvedere ai legittimi bisogni e necessità della vita terrena dall'altra. [...] Il naturalismo, versione ottocentesca del vecchio materialismo, sembrò trovare *nella vita la via* per risolvere i problemi di una tale rottura. E quindi: a convincere l'uomo che *nella vita, quale bene supremo,* vi è la più alta e unica ragion d'essere. Ma la vittoria dell'*animal laborans* non sarebbe mai stata completa se il processo di secolarizzazione [...] non avesse privato la vita individuale della sua immortalità, o almeno della certezza dell'immortalità [...]. E così: *sola a potere essere immortale* fu la vita stessa, il processo vitale della vita umana. Abbiamo visto che con l'avvento della società fu in definitiva *la vita della specie* ad affermare se stessa!» (Op. cit. pp. 238-239)

Tuttavia, per comprendere a pieno il pensiero della Arendt, bisogna aggiungere dell'altro. «Agli inizi della vita moderna», lei dice, «siamo passati *da* un'economia intenta a salvaguardare la "vita egoistica" dell'individuo *a* un'economia che ha posto l'accento sulla "vita sociale" e su "l'uomo socializzato". [...] L'umanità socializzata è quello stato della società in cui prevale un unico interesse, e soggetto di questo interesse sono sia le classi sia il genere umano, *ma mai l'uomo o gli uomini.* Scomparve così anche l'ultima traccia di azione compiuta dagli uomini: il motivo implicito nell'interesse personale. *Rimase solo* una "Forza naturale", *la forza del processo vitale,* alla quale tutti gli uomini e tutte le attività umane sono ugualmente sottomesse. [...] *La vita individuale divenne parte del processo vitale, e lavorare, assicurare la continuità della propria vita e di quella della propria famiglia, fu tutto quanto bastava».* (Op. cit. p. 239)

Queste considerazioni andrebbero trattate a lungo. Basti tuttavia aver posto il problema. E cioè che il naturalismo-spontaneistico, nel distogliere l'uomo dal vedersi "persona-e-comunità storica", lo induce a pensare che la Salute (e nel prossimo capitolo vedremo, anche la Famiglia) non è "costruzione politica", ma un prodotto spontaneo della natura. Si parte cioè sì dal presupposto che l'uomo, come dice Aristotele, è *di sua natura* un "animale politico", ma per concludere che a fare la storia dell'uomo non è la sua *scelta* politica bensì il *dato* biologico della sua natura: la vittoria, appunto, dell'essere-animale su l'essere-politico.

In memoria del medico Ippocrate, cittadino ateniese

Ippocrate nasce presumibilmente nel 460 a. C. Nasce cioè quando, trent'anni prima, le Póleis greche avevano dato prova della loro validità e vitalità sconfiggendo le masse armate dei persiani. Oggi definiremmo l'approccio che Ippocrate ha nei riguardi della scienza medica con i termini di "olistico-ecologica"[49]

---

[49] In Medicina, si parla di approccio "olistico-ecologico" in contrapposizione con l'approccio "clinico-riduttivo". Con l'approccio olistico-ecologico si intende evitare il pericolo in cui potrebbe incorrere la Cura medica che, tesa a conoscere come funziona l'organismo umano, rischia di non incontrare l'*uomo* nella sua singolare personalità e comune umanità. Tanto più oggi che all'occhio clinico del medico si è sostituito l'occhio tecnico della macchina. Istruttiva al proposito è la concezione che della scienza medica ne aveva Ippocrate. «Io ritengo invero che una scienza in qualche modo certa della natura non possa derivare da nient'altro se non dalla medicina, e che sarà possibile acquisirla solo quando la medicina stessa sarà stata tutta esplorata con metodo corretto; ma da ciò si è molto lontani, dico dal conquistare un esatto *sapere su ciò che l'uomo "è"*, sulle cause che ne determinano la comparsa, e altre simili questioni. Questo

. Egli, infatti, nel trattato "Sulle acque, sui venti e sui luoghi" sostiene le seguenti due tesi.

La prima, è che al mondo non esiste l'astratto "uomo" ma la *condizione umana*, gli "uomini" cioè, i quali convivono in un determinato ambiente e in una determinata Comunità. Per cui, dice, la vita dell'uomo è fatta di ciò che mangia e beve, di stagioni con i loro mutamenti e influssi, di venti tipici di questa o quella zona del mondo, delle caratteristiche che hanno le acque che vi scorrono, della posizione dei luoghi abitativi. Il che significa che, per Ippocrate, la salute è innanzitutto un "fatto storico-ambientale" o, se più piace, una costruzione della "natura-fatta-cultura".

La seconda tesi, è che anche le *Istituzioni politiche* incidono sullo stato di salute e sulle condizioni generali delle persone. Una tesi ancora più interessante della prima, in cui sostiene che la Salute ha da essere, ancor prima di un dato biologico, un prodotto politico[50]. Così, infatti, egli si esprime: «Mi sembra che i popoli dell'Asia sono deboli, a causa anche delle loro *Istituzioni*. Gran parte dell'Asia infatti è retta a monarchia. *Laddove gli uomini non sono signori di se stessi e delle proprie leggi*, ma soggetti a despoti, non pensano già ad addestrarsi alla guerra, bensì a come sembrare inetti a combattere[51]». Di qui il commento di Reale e

---

almeno mi sembra necessario che il medico sappia sulla natura e faccia ogni sforzo per sapere, se vuol adempiere in qualche modo ai suoi doveri, e cioè *che cosa è l'uomo in rapporto a ciò che mangia e a ciò che beve e a tutto il suo regime di vita* e quali conseguenze a ciascuno da ciascuna cosa derivino». (Il corsivo è nostro).

[50] Vedremo più avanti che un tale concetto è il medesimo concetto della salute che ne ha anche il Comitato per l'Organizzazione Mondiale della Salute, definendola: «uno stato *dinamico* di totale benessere fisico, psichico, *sociale* e spirituale».

[51] Poiché Ippocrate misura lo stato di salute in base alla volontà di addestrarsi a combattere, non si pensi che della salute ne abbia una concezione bellica! Ciò che intende dire, richiamandosi alla vittoria dei greci sui persiani, è che la forza e la salute dimostrata dai greci in quella epocale occasione, provenne a loro dall'essere "cittadini", ovverosia

Antiseri nel loro testo di Filosofia: «La Democrazia dunque tempra il carattere e la salute, mentre il dispotismo produce effetti opposti».

Pertanto, la concezione che Ippocrate ha della medicina, è la scienza di un cittadino greco che testimonia che cosa significa *essere-Pólis*[52]. Infatti egli sostanzia il proprio sapere incarnandolo nei due concetti di fondo che caratterizzano la Pólis greca: il "bene pubblico" e l'"autogoverno dei cittadini"[53]. Concetti che s'illuminano a vicenda in un'implicazione reciproca, in quanto il governo pubblico non può essere tale se non è nelle mani dei cittadini, se non è, cioè, "autogoverno".

Da notare che il concetto di autogoverno comporta non solo un *diritto* personale, ma anche un personale *dovere*, che proviene proprio dall'aver-diritto. Si tratta cioè di essere responsabili della sovranità personale conferita dall'aver-diritto. Di modo che, quando diritto-e-dovere non stanno insieme, non c'è più il cittadino, ma il tiranno (che ha solo diritti) o il suddito (che ha solo doveri). Il fatto che i cittadini delle Póleis greche, di fronte all'invasione persiana, abbiano saputo erigersi a baluardo della vita democratica dell'Occidente, è stato possibile solo perché essi hanno attinto la forza e l'ardimento della loro azione dal ritenere di "essere-Pólis". (La stessa fiera risonanza che ha il *civis romanus sum*! che andrebbe tradotto: "io-*sono*-Roma!").

"padroni di sé e delle proprie leggi". Esprimendo con ciò il rapporto esistente tra vera Salute e corretta Politica.

[52] Si direbbe quasi che vi sia una coincidenza strutturale tra la moderata salubrità del clima mediterraneo e la moderata saggezza insita nel concetto di democrazia. Sì da poter mettere a "scontro-confronto" la razionalità della Pólis greca con l'irruente irrazionalità delle orde provenienti dalle fredde terre del Nord e, a Sud, con il languido torpore delle popolazioni sottomesse all'Impero persiano.

[53] Si può dire anzi che i concetti di cittadino pubblico e cittadino privato nascono insieme. Il concetto di bene pubblico, infatti, nasce quando il governo della propria casa ("oiko-nomia") viene concepito come "governo privato", *distinto* dal "governo pubblico" della Pólis.

La concezione mutualistica della salute e la Riforma Sanitaria in Italia

La "cattiva erba" da estirpare dalla mente della gente e delle Istituzioni sanitarie si chiama: *concezione mutualistica della salute*. È la concezione secondo la quale la salute è vista solo come "assenza di malattia". Concezione che abbiamo definita "spontaneo-naturalista", in quanto non considera la salute come *fatto* storico (o *impresa civica* storicamente perseguita), ma come *dato* puramente biologico.

Per comprendere a che si debba la concezione mutualistica della salute bisogna rifarsi a quando, con la legge 132 del 1968, vi fu la riorganizzazione degli Enti ospedalieri. Dove il primo articolo della norma recita: «L'Assistenza ospedaliera *pubblica* è svolta a favore di tutti i cittadini italiani e stranieri *esclusivamente* dagli enti ospedalieri». (Il corsivo è nostro). Come si vede, la legge usa il termine "cittadino", ma in realtà si tratta di una Riforma che ha a cuore l'assistenza alla vita del "lavoratore", prima ancora che alla vita del cittadino. Il quale, per essere messo al centro dell'Assistenza pubblica, deve attendere dieci anni, quando cioè nel 1978 viene varata la Riforma Sanitaria che istituisce il Servizio Sanitario Nazionale. In definitiva, la concezione mutualistica della salute è la concezione stando alla quale "essere ammalati" significa "non poter lavorare", e l'"essere sani", il "poter lavorare". (Che è quanto dire, che lo stato di salute del cittadino prende senso e misura dal posto di lavoro).

Si capisce allora perché, nella riorganizzazione degli Enti ospedalieri (legge 132, 1978), si parli di "assistenza" alla malattia, anziché di "costruzione" della salute, e di come "curare il lavoratore", anziché "dare salute al cittadino". E si capisce anche perché, per una tale concezione, non vi fosse miglior sostegno che una efficiente Istituzione ospedaliera, la quale, *riaggiustando* i corpi logori dei lavoratori, *costava meno* del doverne qualificare di nuovi[54]. Un concetto tuttavia che, se andava bene per il capitale finanziario delle Aziende, non così fu per le Mutue dei lavoratori nei confronti degli Enti ospedalieri, tanto da rendere necessario un intervento dello Stato che estinguesse definitivamente il monte dei debiti che le Mutue avevano accumulato.

Vi è da notare, quindi, che il guaio peggiore che reca in sé la concezione mutualistica della salute è che la salute, intesa solo come "assenza di malattia", educa il cittadino a saziarsi di quanto passa il presente senza prendersi minimamente cura del proprio migliore futuro. "Le possibilità sono sempre più in alto della realtà!", sostiene Heidegger.

Nel '78, sotto la spinta delle "lotte sociali per le Riforme", l'istituzione del Servizio Sanitario Nazionale pone, quale compito primario, quello di curare *il cittadino* indipendentemente dal fatto che egli sia o non sia un lavoratore. Un intento, tuttavia, che è rimasto a mezzo, tanto che è solo quindici anni dopo, negli anni '92-93, che si pensa di come meglio attuare ciò che la Riforma del '78 aveva promesso senza mantenere. Il che avviene varando la Riforma Bis, in cui le Unità Sanitarie Locali diventano *Aziende* (per le quali tanto il lavoratore che il cittadino non sono più né pazienti né degenti, ma – soltanto – *clienti*[55]).

---

[54] Ivan Cavicchi in *Sanità*, pubblicato con il sottotitolo "un libro bianco per discutere" (Edizioni Dedalo, Bari 2005), afferma che in Italia la Riforma sanitaria, anziché partire dalla *testa* del problema salute, è partita dalla sua *coda*. Riferendosi al fatto che in Italia la strada delle Riforma è iniziata nel'68 con la Riforma ospedaliera quale più accreditata espressione della concezione clinico-riduttiva della salute (detta anche concezione organicistica, caratterizzata, come abbiamo detto sopra, da una concezione naturalistico-spontaneista).

[55] "Paziente" è il malato "latino" che stabilisce la gravità del male dall'intensità del dolore che prova. "Degente" (de-agere) è il malato "anglosassone" che stabilisce la gravità del male dalla quantità di azione di cui, nella malattia, viene privato. Siamo cioè ai tempi in cui il medico latino a piè del letto del paziente chiedeva "come *sta*?", mentre il medico anglosassone chiedeva "come *va*? Nei libri di Sociologia della medicina, si

Finalmente nel 1999 abbiamo la Riforma Ter (o Riforma Bindi) tesa a *democratizzare il problema salute*, sottraendo parte del potere tecnocratico che hanno i Direttori generali della Aziende sanitarie per darlo (come fu all'inizio nella Riforma del'78) nelle mani dei Comuni (che, per loro natura si sostiene, sono più vicini ai bisogni della gente). Un ritorno da auspicare, con la speranza, s'intende, che si tratti di una corretta gestione politica della salute, e che non sia, come ai tempi delle ULSS, una rinnovata lottizzazione di potere dei Partiti[56].

A conclusione di quanto abbiamo inteso dire in questo paragrafo può servire una citazione in cui, Ivan Cavicchi in *Sanità: un libro bianco per discutere* (Ed. Dedalo, Bari 2005), mette a confronto il sistema Sanità in Inghilterra con il sistema Sanità in Italia. «Siamo di fronte a due prospettive che contrapporranno due diverse forme di sistemi sanitari: la *public health policy*, concepita per curare semplicemente la malattia, e la *healthy public policy*, concepita sulla base delle esigenze di salute dell'essere umano. Tale distinzione in Italia corrisponde, da una parte, al sistema mutualistico quale esempio da riformare e, dall'altra, all'istituzione del Servizio sanitario nazionale come "riforma" del mutualismo». (Op. cit. p.17)

Il passare dalla "cura pubblica della salute" alla "cura della salute pubblica" è un notevole salto politico che potremmo tradurre, sia pure irriverentemente, in termini spicci, e cioè che

---

afferma che per i tedeschi la malattia è vissuta come un arresto alla macchina corporea, mentre per gli italiani è vissuta come un fastidioso insetto saltato improvvisamente sulla pelle che immediatamente di lì, con un colpo secco, va cacciato e per cui, una volta liberati da quel fastidio improvviso, tutto ritorna come prima.

[56] Certo non fa ben sperare quanto è successo, al termine della passata legislatura, agli uomini politici sia di Destra che di Sinistra. I quali, concordemente, stabilirono che l'essere stati Deputati in parlamento o Consiglieri in Regione è titolo sufficiente per diventare Direttori generali nelle Aziende sanitarie. Confermando così che oggi la *medical governance* è diventata solo il *governo della spesa*.

mentre nel primo caso è lo Stato che ha in mano l'iniziativa della cura, nel secondo caso, invece, lo Stato è visto come l'Istituzione da curare.

La storia di una degradata percorrenza

Stiamo parlando di un percorso in cui la nobile diligenza sulla quale la Riforma Sanitaria era salita nel dicembre del 1978, è finita poi capovolta in un fosso. Quella Riforma era nata da un'istanza ideale: quella di mettere nelle mani "democratiche" dei Comuni (ovverosia alle ULSS) la soluzione del problema salute, ritenendo che quelle fossero le mani più adatte a conferire maggiore equità di diritto ai cittadini in quel fondamentale bene che è la salute.

Abbiamo parlato di "mani democratiche" per il fatto che le ULSS erano state istituite in modo di avere un Consiglio di Amministrazione composto, in maniera proporzionale, da Maggioranze e Minoranze dei Partiti esistenti in città, e da un'Assemblea generale di cui facevano parte sia i rappresentanti dei Comuni presenti nel territorio delle ULSS, sia le Confederazioni sindacali e altre Istituzioni sociali di maggior rilievo.

Se non che, nel breve volgere di una stagione, i Consigli di Amministrazione delle ULSS, eletti tra le Maggioranze e Minoranze dei partiti, prima ancora di essere "amministrazione pubblica della salute", divennero dei veri e propri "banchi del lotto" per la spartizione del potere partitico. (Per "lotto", s'intende "il boccone di terra" strappato da ognuno). Per cui, molto spesso, a stabilire la capacità e l'idoneità professionale degli operatori, non era la comprovata esperienza di "arte e scienza", o l'adeguato titolo accademico, ma il colore di appartenenza a questo o a quel Partito (o la vicinanza del simpatizzante). Stando così le cose, si comprende perché, ad un certo punto, si sia ritenuto di venire incontro al degrado dei *"lottizzati e frammentati"* interventi delle ULSS, dando queste in mano alla programmazione sanitaria delle Regioni. Le quali, tuttavia, mosse dal bisogno di far fronte alla crescente entità della spesa, presero nelle loro mani non solo la programmazione delle ULSS, ma anche la loro gestione, in virtù del fatto che, a voler risolvere quel problema, si doveva prima di tutto puntare sul risparmio, mediante un'oculata razionalizzazione del rapporto domanda/offerta, ovverosia: bisogni/risorse.

Al presente, a governare un'Azienda sanitaria è la volontà suprema di un singolo cittadino: il Direttore Generale, assunto dalla Regione mediante un "contratto privato". Una scelta che permette più facilmente di "mandare a casa" il Responsabile dell'Azienda sanitaria qualora la sua gestione vada "in perdita finanziaria". In altre parole: oggi a garantire l'erogazione pubblica della Salute non è più l'arte e la scienza dei sanitari, ma la *scienza finanziaria del risparmio* in mano agli uomini politici di turno (imprigionati anch'essi dal ruolo delle banche, e dalle scelte di un'Economia globale).

Chi intendesse conoscere i guai a cui è andato incontro il problema salute in Italia una volta pervenuto, per la sua soluzione, nelle "tecnocratiche" mani delle Regioni, non ha che da leggere tutto ciò che, con puntigliosa competenza, ha scritto Cavicchi in *Sanità*, là dove parla de *La relazione tra tecnocrazia ed Azienda* (pagina 76), *I limiti della tecnocrazia* (pagina 137), e *Degradazioni e Contraddizioni* (pagina 236)[57].

Stando all'elenco che ne fa Cavicchi, le storture a cui la Riforma Ter voleva porre rimedio sono almeno cinque. Tra queste, ne riportiamo due. La *prima*, che consiste «nell'affermarsi di un vero e proprio centralismo tecnocratico che mette in

---

[57] In ognuno di quei paragrafi egli afferma che la Riforma Bindi (la Riforma Ter, nata il 19 giugno del 1999) è in sostanza "il ritorno della Politica", resosi necessario per ridurre il rischio della divaricazione tra gestione delle risorse e obiettivi di salute. Afferma inoltre che l'idea-madre del Decreto legislativo con cui quella Riforma fu promulgata, è tutta nel titolo "Norme per la *razionalizzazione* del servizio sanitario nazionale".

discussione, in molti casi oltre i limiti, l'autonomia tecnico-funzionale dei servizi e, per estensione, l'autonomia tecnico professionale degli operatori, soprattutto medici, creando difficoltà anche di tipo deontologico». (Op. cit. p. 158). La *seconda*, che sta nell'aver tolto di mano la salute alla '*politica*' per metterla nelle mani della '*tecnocrazia*'. «Trasferimento che ha provocato una graduale ma generale depoliticizzazione del tema 'salute' e delle istituzioni politiche deputate a garantirne il diritto, come le Regioni. La logica gestionale diventa sempre più pervasiva da discostarsi gradualmente dalla logica di erogazione delle prestazioni e dei servizi [...]. Per cui, si ritiene di poter risolvere con l'efficienza, l'appropriatezza, l'economicità, tutti i più importanti problemi della sanità[58]». (Op. cit. p. 158)

La Riforma Ter, dunque, intende dare nuovamente in mano il problema della Salute ai Comuni. Ma va da sé che un tale trasferimento può essere salutare solo se (come abbiamo già notato) "il ritorno alla Politica" avviene alla luce di un corretto modo di concepire tanto la Salute che la Politica.

---

[58] Coloro che avessero lavorato in un ospedale al tempo in cui la Regione ha preso nelle sue mani, oltre alla *programmazione* sanitaria (che spettava prima allo Stato), anche la *gestione* (che spettava prima alle ULSS), hanno potuto constatare che, nonostante siano venute a comandarli le Regole di una "organizzazione burocratica" chiamata "tecnica organizzativa", di efficacia quelle regole ne avevano ben poca, appunto perché erano delle pure formalità burocratiche, incapaci di cambiare i rapporti di potere vigenti. Che anzi, la pretesa di quelle regole era vissuta con fastidio per il sorgere improvviso, come funghi in un bosco, di Uffici e Sott'uffici di controllo burocratico, in cui la forza delle "carte d'ufficio" serviva più a tenere in piedi l'Ufficio che a mutare l'organizzazione del lavoro. Tanto per fare un esempio, abbiamo visto in un Reparto d'ospedale un armadio con su la scritta "Armadietto qualità". Conteneva i fascicoli di tutte le ordinanze regionali e le disposizioni prodotte dagli Uffici controllori. Ma si sappia che stiamo parlando di un armadietto chiuso a chiave, che veniva aperto il giorno preannunciato per l'ispezione, per ritornare il giorno dopo nel suo "naturale" ermetico isolamento.

Il problema Salute in due pareri messi a confronto

Ivan Cavicchi da una parte e Rosy Bindi dall'altra. L'uno, in *Sanità: un libro bianco per discutere* (Op. cit.), l'altra, in *La salute impaziente: un bene pubblico e un diritto di ciascuno* (Jaca Book, Milano 2005). I due libri che il paragrafo mette a confronto, convengono entrambi nel sostenere che la Salute è innanzitutto un problema "socio-politico". Si differenziano invece nell'indicare la strada su cui immettersi per giungere a destinazione. In quanto, Ivan Cavicchi cerca la soluzione a partire da un angolo prospettico etico-giuridico, mentre Rosy Bindi la cerca a partire da un angolo prospettico etico-politico. Ma prima di affrontare direttamente il loro confronto, è necessario introdurvi una premessa riguardante la concezione "spontaneo-naturalista" della salute.

Di tale concezione della salute ne abbiamo già parlato, dicendo che essa, affidando la salute alla spontaneità della natura, ci porta a pensare alla nostra salute solo al momento in cui veniamo ricoverati in ospedale. Il che è segno di una pervicace immaturità socioculturale, che permane, purtroppo, nonostante che da più parti, chi parla di salute, affermi che essa, prima ancora di essere un dato biologico, va considerata una costruzione storica socio-politica[59].

---

[59] Tra i molti pareri in proposito si veda quanto dice Hans Georg Gadamer: «La salute non è precisamente un sentirsi ma un *esserci*, un essere nel mondo, un essere insieme agli altri uomini ed essere occupati attivamente e gioiosamente dai compiti particolari della vita». (*Dove si nasconde la salute*, Cortina Ed., Milano 1994, p. 122). A parte il fatto che non tutti possono essere d'accordo con la concezione solare della vita espressa da Gadamer, resta comunque che la migliore garanzia per l'umana salute sta nell'*esserci*, inteso come "essere nel mondo" (o "essere-mondo") o, meglio ancora, nell'"*essere-comunità-di-salute*". (Che in fondo è quanto hanno

Riguardo al concetto di salute è di sommo rilievo quello espresso ultimamente dal Comitato esecutivo dell'Organizzazione Mondiale della Salute. Il quale ha ritenuto di dover aggiornare la definizione di salute rispetto a quanto aveva scritto nel preambolo della propria costituzione. Per cui, alla definizione "La salute è uno stato di completo benessere fisico, mentale, sociale", vi ha aggiunto due aggettivi: "dinamico" (quanto alla "stato") e "spirituale" (quanto al "benessere"). Di modo che l'attuale definizione suona: «La salute è uno stato *dinamico* di completo benessere fisico, mentale, sociale e *spirituale*». È evidente che con il termine "dinamico" s'intende dire che la salute non è un semplice dato della biologia, ma è (anche) il "conseguimento" della storia. Mentre, con tutta probabilità, mediante l'aggiunta del termine "spirituale", s'intende sottolineare la specifica distanza che intercorre tra benessere spirituale e benessere fisico, tra l'*anima dell'uomo* e il *corpo dell'animale*[60].

---

compreso gli inglesi nel mutare la "cura pubblica della salute" in "la cura della pubblica salute").

[60] È una nota che abbiamo già inserita parlando della Persona. Ma ripeterla giova. Si tratta della miseranda fine che fa la definizione di salute espressa dall'organizzazione mondiale una volta nelle mani regionali del *Manuale del Sistema di Gestione per l'Umanizzazione* (pubblicato dalla Regione Veneto nel febbraio 2005). Manuale che si propone come "Progetto inerente l'analisi e la valutazione del livello di umanizzazione dei servizi sociosanitari delle Aziende U.L.S.S. ed Ospedaliere del Veneto". Parlando dei "Principi del Sistema di Gestione per l'Umanizzazione" si dice: «Porre al centro di ogni intervento sanitario, sociosanitario ed assistenziale la persona umana significa innanzi tutto considerare la totalità inscindibile delle sue componenti fisica, mentale, emotiva e spirituale». (Op. cit. p. 14). Un concetto che viene poi ripetuto parlando della "Politica per l'Umanizzazione" dicendo che essa «è il primo passo per orientare l'organizzazione verso la *centralità della persona umana*, in considerazione delle sue componenti fisica, mentale, *emotiva* e spirituale». Come si vede, in questa definizione della persona, mancando l'aggettivo "sociale", siamo in presenza della salute di una persona "spirituale" (o uomo o cittadino che sia) che ha una mente e un corpo solo individualisticamente emozionati. Dove l'accostamento di "emozionale" a "spirituale", mancando il "sociale",

Entriamo ora nel confronto annunciato dal paragrafo: prima, parlando di Cavicchi, poi, della Bindi. Cavicchi sostiene che, per rimediare alla controproduttività cui si è pervenuti nella Sanità (una voragine senza fondo), bisogna correggere le scelte e sciogliere il nodo politico causato dal rapporto *bisogni-risorse*. La soluzione di questo rapporto, afferma Cavicchi, non si risolve a partire dall'*offerta* di salute da parte delle Istituzioni sanitarie, ma dalla *domanda* di salute che ne fanno i cittadini. E quindi, per quanto efficiente, appropriata, economica sia la prestazione sanitaria offerta dalle Istituzioni addette a mantenere in salute il cittadino, il loro intervento *arriva sempre troppo tardi*. E questo anche quanto si tratta di interventi e di analisi che, per loro natura, sono "preventivi".

Ma la domanda di salute da parte del cittadino, continua Cavicchi, non ha da essere costituita solo dal *diritto ad avere salute*, vi deve essere in essa anche il *dovere di non ammalarsi*. Dovere di responsabilità personale che il cittadino non può avere fino a che non venga estirpata dalla sua mente e dal suo corpo la mala erba della concezione puramente spostaneo-naturalista della salute. Il che significa, aggiungiamo noi, un insieme di cose che non dipendono solo dal singolo cittadino, ma anche dal grado di civiltà che ha il paese in cui vive. Si tratta pertanto di una educazione sanitaria del cittadino in cui, fin dall'infanzia, in scuola e in famiglia, e nelle private, come nelle pubbliche Istituzioni, gli si dovrebbe far conoscere, per esempio, come funziona il proprio corpo, quali sono gli alimenti sani che produce

---

rende ancor più evidente che si sta parlando, non, della Persona come realtà "storica", bensì della Persona concepita come un individuale fantasma interiore, alla stessa maniera in cui, nella Teologia scolastica, si sostiene che ogni angelo è costituito da una specie a sé. La conclusione è che, mancando il concetto "politico-sociale" dell'essere-persona, l'umanizzazione di cui parla il Manuale finisce con l'essere "troppo umana", direbbe Nietzsche. E nell'incontro tra uomo e uomo, quando questo non avviene all'insegna della loro ontologica sovranità, l'Etica di quell'incontro, per quanto sia"umanizzato", corre il rischio di promuovere una Carità senza Giustizia.

la terra, quali i veleni, l'operare della tecnica e quant'altro di simile. Ippocrate direbbe, come abbiamo già visto, che «dobbiamo apprendere a conoscere che cos'è l'uomo», e vederlo come «quel concreto essere fisico che ha rapporto con ciò che mangia, ciò che beve, con il suo specifico regime di vita, e elementi di uguale natura». Ci si deve cioè dare una *mente ecologica* che tenga correttamente a struttura la vita dell'uomo e quella dell'universo, in modo che, a procurare salute (e denaro), non sia la riduttiva *versione ambientalista* occupata unicamente (quando è occupata) ad eliminare lo sporco davanti alla porta della propria casa[61].

Dunque anche per noi, come per Cavicchi, il problema salute non lo si risolve all'interno dell'ordinamento delle istituzioni sanitarie, innovando le prestazioni dell'offerta, ma al di fuori di esse, mutando la qualità della domanda dei cittadini, in virtù di un salto di civiltà che vada oltre la concezione della salute legata alla vittoria dell'animal laborans. Bisogna, in altre parole, sconfiggere la concezione mutualistica della salute, quella concezione che, come abbiamo detto, fa emergere nel cittadino il problema salute solo al momento in cui viene ricoverato in ospedale. Oppure, quando pensa che a dargli salute siano i cassetti pieni di farmaci che ha in casa[62].

---

[61] A dire che ne sia della mente ecologica si legga quanto raccontiamo. Un mattino abbiamo visto un bimbo, accompagnato dalla madre, che, andando alla scuola, raccolse da terra un pezzo di gesso ai margini della strada. La madre lo rimproverò dicendogli che si sporcava le mani e che poi la maestra lo avrebbe sgridato. «Lascialo dov'è! che poi vengono con le macchine gli spazzini!». Il bambino piangendo s'ostinava a ripetere: «bisogna portarlo alla maestra!». Nella testa del bambino in quel gesso vi era la maestra davanti alla lavagna, i compagni di scuola del paese in cui era nato, il suo "mondo", insomma, di cui prendersi cura a partire da quel pezzo di gesso. A differenza della madre che in testa aveva solo il bidone delle immondizie. Il guaio è che anche la maestra, invece di sollecitare la classe ad imitarlo, lo sgridò perché aveva le mani sporche. Né la madre, né la maestra avevano capito che egli si sporcava le mani pur di tenere pulite le idee che aveva in testa.

E anche noi diciamo, con Cavicchi, che, quanto al problema salute, il punto cruciale, il nodo da sciogliere, è di marca puramente politica. Si tratta cioè, non solo della *gestione* del rapporto bisogni/risorse, ma soprattutto del suo *governo*. E il governare le scelte del cittadino è compito della Politica. «L'insufficienza della gestione del rapporto bisogni/risorse è una questione eminentemente politica. [...] Il problema reale è quello di adeguare l'offerta alla domanda senza subirne la tirannia. Oggi, infatti, le caratteristiche del sistema sono ancora molto 'mutualistiche'». (Op. cit. p. 272-273)

A riassumere quanto pensa Cavicchi del problema salute, trascriviamo quest'ultima citazione: «*In conclusione, se la scelta strategica è quella di garantire una sostenibile compossibilità del rapporto bisogni/risorse si deve necessariamente intervenire sull'assetto storico dei consumi. Per fare ciò è indispensabile: un vero e proprio programma di riforma che muti il modo specifico di essere dell'attuale offerta di sanità pubblica.*» (Op. cit. p. 279)

---

[62] Si legga al proposito il prologo "Vendere malattie" del libro scritto da Ray Moynihan e Alan Cassels: *Farmaci che ammalano e case farmaceutiche che ci trasformano in pazienti* (Ed. Nuovi mondi media, Bologna 2005). «Trent'anni fa il capo di una delle più famose case farmaceutiche al mondo rilasciò alcune dichiarazioni estremamente franche. Ormai prossimo al pensionamento Henry Gadsden, energico direttore generale della Merck, confessò alla rivista *Fortune* che per lui il fatto che il potenziale mercato della società fosse limitato alla gente malata era sempre stato un cruccio. Gadsden avrebbe voluto che la Merck assomigliasse di più alla Wrigley's, la fabbrica di gomme da masticare, e da tempo il suo sogno era *produrre farmaci per gente sana*. Perché in tal caso la Merck avrebbe potuto 'vendere a tutti'. A distanza di tre decenni, il sogno del defunto Henry Gadsden si è avverato». (Op. cit. p. 7). Potremmo chiamare quel farmaco da distribuire a tutti: "il farmaco della paura". Farmaco che, prima, produce la paura di non avere a propria disposizione un farmaco che curi la paura causata dalla sua mancanza, per poi, presentarsi come il farmaco che cura la paura dell'aver paura. Lasciando da parte simili tortuose facezie, la vera domanda è: il cittadino è sicuro che sia corretta la sua domanda di salute? E se quanto egli chiede per avere salute, fosse addirittura iatrogeno?

Veniamo ora alla Bindi. Abbiamo già detto che l'angolo prospettico da cui parte nel suo libro *La Salute impaziente* è etico-politico. Sguardo prospettico che si svolge lungo due direttrici, indicate dal sottotitolo: *un bene pubblico e un diritto di ciascuno*. Dove, grosso modo, mentre la denominazione di "bene pubblico" dice l'aspetto politico del problema, quella di "diritto di ciascuno" dice invece l'aspetto etico, e cioè l'impegno civile e morale dovuto al conseguimento di un bene fondamentale quale è la Salute. Dall'insieme ne risulta che la Salute è, di diritto, al contempo un bene "personale e comune", e questo per *ogni persona* che viene a questo mondo. Che è quanto, appunto, dice il sottotitolo del libro: un bene pubblico e un diritto per ciascuno.

Che, per la Bindi, la Salute sia un *bene pubblico*, lo si constata là dove, nell'andarla a definire, riporta con enfasi, per ben due volte, il parere del filosofo Gadamer, secondo il quale, come abbiamo visto, «la salute non è principalmente un sentirsi ma un *esserci*, essere nel mondo, *assieme ad altri uomini...*». Che poi la Salute sia per lei anche un *bene personale* lo si constata nel continuo richiamo che fa alla "centralità della persona" quale "fondamento e fine" dell'azione politica. (Come si vede, il concetto di persona che ha la Bindi è ben altro da quello espresso dal *Manuale del Sistema di Gestione per l'Umanizzazione* stampato dalla Regione Veneto, in cui la persona è presentata come un "individuale fantasma interiore"[63]).

---

[63] Resta comunque vero che la Bindi, nel richiamarsi alla centralità della persona, non presentandola come struttura storica, ma come "valore", presta il fianco a che, un tale valore, nel diventare "assoluto" (come reclamano i due concetti "originarietà" e "unicità"), finisca col fare della persona un'ipostasi: l'eterno e necessario essere dell'Idolo. Intendiamo dire che i valori, anziché tenere aperti i processi dell'impresa, rischiano di "bloccarli". Non si tratta di andare al di là del valore (e cioè di attuare la "trasfigurazione di tutti i valori" come è in Nietzsche), si tratta di vederne il limite. In quanto i valori, erigendosi a legge (o ipostasi), prestano il fianco al moralismo che anziché indicare, "indìce", o anziché spiegare, "prescrive" (e perfino "proscrive"). Lungi da noi, però, pensare che la Bindi abbia

C'è da notare anche che, nella sua concezione della Politica, la Bindi non fonda la Repubblica italiana sul lavoratore, ma sul cittadino, il quale, appunto perché politicamente tale, non è visto come un bisognoso-cliente, ma nel suo sovrano diritto. Che è poi quanto conferma Cavicchi, parlando della Riforma Ter (la Riforma Bindi) nel paragrafo "Il ritorno della Politica"[64].

Per cui, stando a ciò che dei due pareri abbiamo detto, resta confermato quanto abbiamo affermato all'inizio del paragrafo, e cioè che, nell'affrontare il problema salute, mentre Cavicchi parte da un angolo prospettico etico-giuridico, la Bindi invece parte da un angolo prospettico etico-politico.

Il nostro punto di vista

Questo paragrafo risente molto di quanto abbiamo detto nel libro *Costruire la città*, specialmente al capitolo intitolato *La Politica*. Dove affermiamo, rispeto alla salute, quello che anche in questo libro abbiamo insistentemente ripetuto, e cioè che se il cittadino, dell'aver salute, ne ha un sovrano diritto, ha anche la responsabilità politica a che il suo agire sia all'altezza di quel sovrano diritto. E in conseguenza di ciò, abbiamo sostenuto che né l'"abitante", né l'"utente-cliente" possono andare a "costruire la Città", in quanto, essendo privi dell'ontologico modo d'essere del cittadino, vivono la città unicamente come il "territorio" dove *condurre l'esistenza*: il fondo da cui trarre, a mo' del viandante, quanto occorre soltanto a *trascorrere la vita*. Un modo questo di concepire la vita dove, appunto, l'antropologia si sostituisce all'ontologia.

dell'azione politica una concezione moralistica!

[64] Nella Riforma Ter, egli dice, si cerca di riorientare il sistema sanitario mediante «la riaffermazione del ruolo dei poteri pubblici quali espressione di *un dovere pubblico nei confronti del diritto alla salute*». (Op. cit. p. 161)

E se, nei due pareri a confronto, ci siamo attardati a parlare più a lungo di Cavicchi rispetto alla Bindi, è perché il suo concetto (secondo cui il cittadino, oltre ad *avere il diritto* alla salute ha anche il *dovere politico* di darsi salute) lo riteniamo prossimo a quello di autoformazione politica del cittadino, indispensabile a "costruire la Città"[65].

Sarebbe però miopia culturale sottovalutare quanto il libro della Bindi dice a riguardo della salute pubblica: problema che lei ha vissuto sulla sua pelle quando, essendo Ministro, presiedette al varo della Riforma Ter. Né va taciuto come cosa di poco conto ciò che ha voluto dire, dal punto di vista politico, l'andare, lei donna, contro la dittatura (maschile) medica, la quale, "esige" il benestare dello Stato nel momento in cui chiede allo Stato di scardinare a proprio favore, mediante la legge, il concetto di "bene pubblico". Perché è di questo che si tratta quando si va, di diritto (un diritto stabilito dalla legge), a esercitare la professione privata (sia pure a metà tempo) in una Istituzione pubblica! (Diritto al privilegio che, a non starci attenti, va alla fine a fare dell'Ospedale, istituzione pubblica, un'istituzione fatta più per il lavoro del medico, che per la cura del cittadino[66]).

La Bindi pone a sottotitolo del libro *Salute impaziente*: "un bene pubblico e un diritto di ciascuno". In tal modo, a ben

---

[65] Si tenga presente che l'angolo prospettico da cui noi partiamo per la soluzione del problema Salute ha il suo fondamento nella filosofia dell'Essere, meglio, del con-Essere, quale unica salvaguardia a che etica, cultura, politica, economia, diritto, non vadano a finire nel baratro del nichilismo, attivo o passivo che sia. Non solo. Ma si tenga presente anche quanto abbiamo detto del nichilismo (nei confronti della civiltà occidentale) attraverso il pensiero di Emanuele Severino.

[66] Non è certo per incompetenza (in quanto non-medico) che la Bindi fu presto "cacciata" a casa, ma perché della salute ne aveva una concezione politica; e che una tale tenace convinzione provenisse da una donna fu, per la dittatura (maschile) medica, un'offesa intollerabile. Intollerabile specialmente quando la cura medica prestata al cliente diventa il ricatto per imporgli un prezzo più alto da parte di chi ha nelle proprie mani il bene da vendere.

guardare, la sua proposta di salute è soltanto "istituzionale", in quanto vi è solo il *dover-dare* dello Stato e il *dover-avere* del cittadino. Si tratta cioè di un'offerta istituzionale a cui manca il corrispondente "dover dare" da parte del cittadino. E stando così le cose, ciò che alla fine ne risulta, è sì un impegno dell'Istituzione verso i cittadini, ma è anche un sostegno dato all'autoreferenza dell'Istituzione, la quale spesso, nel ricamare quanto conviene alla propria veste, trascura quella cittadino. Infatti, nella maggior parte dei casi, l'autoreferenza istituzionale, nel garantire il diritto a quanti vivono nel raggio della propria funzione, va a legittimare soprattutto la necessità della sua immutabile esistenza.

Di modo che (ed è quanto in *Costruire la Città* soprattutto ci interessava dire) va da sé che, quando al cittadino è concesso un diritto che non sia accompagnato anche da un dovere, di autoformazione del cittadino non è il caso nemmeno di parlarne. In quanto, nel suo diritto ad avere privo dell'obbligo a dare, tutto ciò che è conclamato e concesso al suo diritto finisce con l'educarlo solo a rivendicare il bene di cui ha bisogno. E, quindi, ad imprimergli nella testa l'idea borbonica secondo cui lo Stato è solo una "vacca da mungere". In sostanza, una sì fatta situazione, nel deprivare il cittadino di responsabilità politica, lo spoglia della libertà e autonomia che fanno di lui un sovrano-padrone, per meglio rasserenarlo nello stabile privilegio del servo-cliente.

Quanto a Cavicchi, abbiamo detto di concordare con lui sulle ragioni e sulle motivazioni che adduce per dire che a voler risolvere il problema salute, e cioè il rapporto bisogni/risorse, bisogna far dipendere l'offerta dell'Istituzione dalla domanda del cittadino, il quale, come abbiamo visto, oltre al diritto di avere salute ha anche il "dovere di non ammalarsi". Ciò vuol dire che il rapporto tra Istituzione e cittadino non deve essere solo compito (etico-politico) di ordine "istituzionale", ma anche impegno (etico-politico) della società civile. E cioè: come le Istituzioni vanno incontro ai "bisogni" dei cittadini, così i cittadini hanno da andare incontro ai "bisogni" delle Istituzioni.

Cavicchi, quando parla di "comando politico istituzionale" in rapporto al diritto-dovere del cittadino, ne parla affermando che esso va visto "quale *disposizione di autonomie ed eteronomie regolate da un principio contrattuale*". Principio, egli dice, che ha da essere di *adeguazione*, tale cioè da garantire il rispetto di un accordo, appunto perché adegua a) l'*accordo* all'oggetto, b) l'*oggetto* al comportamento, c) il *comportamento* all'accordo. «Il comando per adeguazione supera così il comando per dipendenza e diventa principalmente un problema di coordinamento di autonomie situate a livelli diversi ma *appartenenti a uno stesso sistema contrattuale*. [...] Il comando per adeguazione si basa, a sua volta, sull'impegno al *rispetto delle intese negoziate*». (Op. cit. p. 327)

Come si vede, Cavicchi pone a fondamento dell'agire sociale e politico l'etica del diritto-dovere reciproco tra istituzioni e cittadini. Diritto e dovere che deriva dal rispetto dovuto agli impegni del *Contratto sociale che costituisce* l'essere-popolo-città-nazione. Al che ci domandiamo: se a fondamento del dovere-diritto sta il contratto sociale tra cittadini e Stato, che fare oggi che per molti popoli della terra, la vita (e quindi la salute) si è fatta "mondo-in-cammino"? Come legittimare un contratto sociale per chi non sa dove trovare la controparte con cui stipulare la validità del contratto? La nostra domanda, per quanto possa sembrare peregrina, intende trovare, per il problema salute, un fondamento più universalmente valido di quanto non lo sia il contratto sociale (che poggia solo sull'essere-cittadini). Intendiamo dire che il contratto sociale ha un raggio d'azione ristretto (una più corta gittata) rispetto al problema da noi sollevato. A noi pare pertanto che nessun fondamento sia, per l'uomo, più fondamento del suo essere-uomo (tanto nell'agire come nel pensare). Affermazione che, detta ontologicamente, suona: "sta su ciò che sei!" E cioè, "uomo" e null'altro che uomo, perché, fuori di lì, difficilmente puoi trovare le ragioni di quella inviolabilità che ontologicamente ti deriva dall'essere-mondo[67]!

In conclusione, il nostro punto di vista è dunque questo: che a risolvere il problema Salute (che ormai è evidentemente una questione mondiale), tanto i doveri come i diritti personali e comuni dell'Etica politica o giuridica, non sono sufficienti. Mentre riteniamo invece che ogni azione etica, politica, giuridica al riguardo abbia a fondarsi sull'ontologia che considera l'uomo come "essere-mondo". E se dell'Occidente si tratta, vedere come "oltrepassare" (usando le parole di Severino) la follia racchiusa nella fede che egli ha nel divenire: la follia che ritiene possibile che la cosa (ogni cosa) che "è", anziché essere un "eterno", sia invece un "ente-che-è-anche-niente".

L'impegno. Quindi, richiesto dallo stare eticamente sul patto sociale, resta, a nostro giudizio, troppo esterno all'essere-uomo. E risulta di corta gittata finché il cittadino non vede che l'*essere*-comunità-di-salute è inerente all'essenza di essere-uomo. Fino a che, cioè, non vede che l'essere-comunità-di-salute *è* il "destino" a cui lo chiama l'Essere (e non, il "compito" a cui lo chiama il dovere di un contratto sociale). Questo perché, nell'istanza etica, politica o giuridica che sia, l'uomo incontra soltanto la propria virtù, ed è solo nell'istanza ontologica che incontra tutto se stesso: il suo essere-mondo. Che è poi, né più né meno, quanto, fortunatamente, sia pure ancora in modo formale, la cultura

---

[67] Continuiamo qui in nota il discorso che abbiamo suggerito nel testo. Il nostro è un secolo di immigrazioni, e quindi un secolo di viandanti (non ancora cittadini) che abitano un territorio che li tenga in salvo nel loro bisogno di vivere. Ed è certo cosa giusta e doverosa che essi rispettino le leggi di uno Stato che li accoglie, il quale, per quanto può, va incontro al loro bisogno di salute. Ma che fare con loro, privi come sono di una "garanzia contrattuale" che li tuteli nel diritto e li obblighi nel dovere? A noi pare che in una situazione sì fatta non vi sia altro fondamento che l'inviolabile diritto dell'uomo, o la centralità della persona, a dare senso, misura e legittimità tanto a chi cerca ospitalità, come a chi lo accoglie. E pertanto, secondo noi, è solo dentro il comune e uguale destino dell'essere-uomini (l'essere dell'ontologia) che va cercato il fondamento a che, nell'incontro tra popoli, non ci sia chi rimane salvo in terra, e chi non gli resta che perire in mare.

94

sociale ha compreso: che la salute ha da avere "sostegno e garanzia" in una organizzazione mondiale, che ha il merito di averla concepita come *"stato dinamico di completo benessere fisico, mentale, sociale e spirituale"*.

CAPITOLO IV

LA FAMIGLIA

Il nostro intento

Il paragrafo serve a chiarire e a giustificare il taglio che abbiamo dato al discorso sulla "famiglia" in questo capitolo. Come prima cosa, si ha da tener presente che, ogni discorso fatto in questo libro, poco o tanto che sia, risente di quanto abbiamo detto in *Costruire la Città*, dove cerchiamo di mettere in luce gli aspetti della vita civica che sono di ostacolo alla "costruzione della città". E come nel capitolo precedente abbiamo detto che uno di tali ostacoli è la concezione spontaneo-naturalista della Salute, così, in questo, lo diciamo anche per la Famiglia. (Ostacolo che, in estrema sintesi, è dato quando, in famiglia, un figlio, come-figlio nasce anche come-figlio muore, sì da essere cioè pensato e visto *unicamente* come professionista-lavoratore, e *mai* educato e cresciuto ad essere-cittadino!).

Il lettore, tuttavia, non s'aspetti di trovare, in quel che diciamo, descrizioni di ordine sociologico, anche se iniziamo a parlare della Famiglia accennando alla concezione funzionalista che Niklas Luhmann, sociologo, ha del sottosistema famiglia (in ordine alla totalità dell'intero sistema "Stato" o "Nazione").

E, onde non incappare in fraintendimenti a ciò che intendiamo dire in questo capitolo, focalizziamo subito i punti cardine del nostro discorso. Innanzitutto affermiamo che la concezione spontaneo-naturalista dell'essere-famiglia porta alla sua *ipostatizzazione*: una "esaltazione" che è di grande ostacolo alla "costruzione della città", in quanto la famiglia, una volta ipostatizzata, viene considerata, per la vita umana, quale "unica vera realtà", e talmente sacra e inviolabile da produrre bene, e soltanto bene, al solo nominarla. (Il che prova perché tanti uomini politici in cerca di consenso, della parola "famiglia", se ne riempiano la bocca a piene mani).

Detto questo, poiché il nostro discorso sulla famiglia è fatto soprattutto ai cittadini in Italia, riteniamo che, dal punto di vista storico-culturale, sarebbe imperdonabile il non affrontare quanto pensa e insegna la Chiesa cattolica riguardo al matrimonio e alla famiglia. Questo, evidentemente, ci induce a soffermarci su ciò che della famiglia ne dicono le Sacre Scritture, e sulle ambiguità a cui si va incontro quando, per sostenere l'indissolubilità del matrimonio, si ritiene di avvalorarne la validità invocando l'*accordo* tra Natura e Grazia, o tra Fede e Ragione. (Mentre, secondo noi, è più utile ad entrambe queste due differenze il parlarne a partire dal loro *disaccordo*).

Nell'affrontare il pensiero che la Chiesa cattolica ha del matrimonio e della famiglia, la conclusione a cui siamo pervenuti è la seguente: a) che la concezione spontaneo-naturalista della famiglia è fermamente contraddetta da Cristo nei Vangeli; b) che l'andare a fondare l'indissolubilità del matrimonio sull'accordo tra Natura e Grazia, o tra Fede e Ragione, porta con sé un pericolo di "millantato credito", in cui lo status di una persona celibe viene detto uno status di vita "più santo e cristiano" di quello di una persona sposata. Maggior santità e cristianità che viene esaltata per il solo fatto di *appartenere* alla schiera dei celibi, e non solo per chi vive in un convento o nell'Ordine sacro, ma in qualsiasi altra forma di vita. Intendiamo dire che, in sì fatta maniera, il celibato finisce con l'essere garanzia di una maggiore e più autentica professione di fede rispetto a quanto non lo sia la medesima autentica fede vissuta in famiglia[68].

---

[68] Solitamente, nella predicazione cristiana, quando si va a dire che lo stato

Certo: è vero che nella più accorta predicazione cristiana sul matrimonio viene detto che lo status del celibe è migliore, non, per sua natura, ma solo "strumentalmente", in quanto, cioè, in esso uomo e donna sono più liberi di dedicarsi totalmente a Dio e alla carità verso il prossimo. Eppure, è anche vero che, nella predicazione cristiana, una sì eccelsa concezione strumentale del celibato, nell'andare a mettere in luce il grado della propria superiorità nei confronti della vita coniugale, finisce con l'esaltare il celibato e declassare il matrimonio, nonostante che, per la fede cristiana, esso sia un "sacramento" voluto da Dio stesso: voluto fin dagli inizi del tempo, quando Dio creò Adamo ed Eva.

Venendo a parlare, ed è il nostro caso, del matrimonio cristiano e della sua indissolubilità, si è costretti, lo si voglia o no, a prendere in esame l'opinione che ne ebbe l'apostolo Paolo. La Chiesa, infatti, ha posto la concezione paolina a fondamento da cui partire e su cui stare nell'andare a parlare sia del matrimonio

---

di vita celibatario è più perfetto di quello coniugale, si riporta la risposta di Cristo al giovine che gli aveva chiesto: «Che cosa devo fare per essere perfetto?». E Gesù: «Se vuoi essere perfetto, và, vendi ciò che hai e avrai un tesoro nel cielo, poi vieni e seguimi!». Il giovane, essendo ricco, declinò l'invito. Al che Gesù commentò: «Chiunque avrà lasciato case, o fratelli, o sorelle, o padre , o madre, o moglie, o figli, o campi, per il mio nome riceverà il centuplo, e avrà in eredità la vita eterna. Anzi molti dei primi saranno ultimi, e molti degli ultimi saranno primi». (Matteo, 19, 29-30). Evidentemente in quel "centuplo" Cristo parla di quale debba essere l'economia dello Spirito, stando alla quale, gli ultimi saranno i primi. Per cui l'invito va letto come un *attestato* secondo cui non si è seguaci di Cristo se non si ha una sì fatta spirituale economia, così ben sintetizzata in «Beati i poveri nello spirito perché di essi è il Regno dei Cieli». (Matteo 5, 3). La nostra, evidentemente, è un'interpretazione quanto mai opinabile. Ma è dettata dal fatto che, secondo noi, Cristo, con il termine "centuplo", non ha voluto giustificare l'ingente ricchezza di patrimoni al cui riparo vive il voto di povertà professato dentro i conventi! La vita protetta dalla rendita di tali patrimoni, se messa a confronto con la provvisorietà di tanta povera gente che non sa come durare a vivere, è talmente "povera di spirito umano", che di evangelico non c'è più niente.

che della famiglia. La tesi di San Paolo è la seguente: il matrimonio tra uomo e donna è l'incarnazione dell'indissolubile unione d'amore che lega Cristo alla sua Chiesa. (Difficile immaginare un modo più confacente per dire la nobile altezza e la sacra natura del matrimonio!). Sì è tuttavia che, nonostante le aquile siano la gloria del cielo, capita anche a loro di stramazzare a terra, a capofitto. Che è quanto è capitato al matrimonio cristiano mandato dalla Fede e dalla Grazia a correre i cieli in virtù dell'indissolubile fondamento su cui poggia, cioè, l'unione d'amore tra Cristo e la Chiesa[69].

A vedere fino a che punto, oggi, sia caduto in disgrazia, "a capofitto", il fondamento che San Paolo ha posto al matrimonio cristiano, non resta che guardare alla celebrazione dei matrimoni in chiesa. Orazio sostiene che la natura biologica dell'uomo, anche se la prendi a forcate, non puoi rimuoverla dall'essere ciò che è. Una tale sorte toccò anche alla "natura" allorché venne invocata a sostegno della verità "stabilita" dalla Grazia e dalla Fede a proposito del matrimonio indissolubile. Intendiamo dire che la natura umana, invitata dai commensali celesti (Fede e Grazia) a sedersi a tavola con loro, tanto si fece largo da rubare ad essi lo spazio pressoché totalmente. Al punto che, anche tra i cristiani, il matrimonio viene visto (e vissuto) come esito della spontaneità biologica della natura. Se guardiamo ai matrimoni cristiani celebrati in chiesa, è difficile pensare che sia l'indissolubile unione d'amore di Cristo alla sua Chiesa a spingere uomo e donna a promettersi reciproca fedeltà per tutta la vita: "finché morte non ci separi"! Non occorre aggiungere altro. Tanto è evidente che, per lo più, in quei matrimoni è la fede anagrafica a

---

[69] Vi è da aggiungere che la dottrina cattolica, nel convalidare l'indissolubilità del matrimonio, ha confermato e predicato anche (sotto la spinta s'intende dell'armonia esistente tra Natura e Grazia e tra Fede e Ragione) che il matrimonio non solo è indissolubile, ma ha da essere anche unicamente eterosessuale, rifacendosi ad Adamo ed Eva, che "Dio, maschio e femmina li creò". Ed quindi: è solo di un'unione sì fatta che la Bibbia afferma "ciò che Dio ha unito, l'uomo non separi!".

tenere banco: la fede cioè dettata unicamente dalla semplice appartenenza all'Istituzione Chiesa! (C'è se mai da domandarsi se non convenga alla Chiesa puntare sulla qualità della fede anziché sul numero dei credenti, e quindi: sciogliere il Concordato, onde evitare che i cittadini italiani credenti si sposino in chiesa solo perché vi sono più noie a dissentire che a consentire[70]).

Non si pensi che queste annotazioni critiche ci portino ad essere contrari al far festa nel sacro recinto della chiesa. Sarebbe disonorante pensare che vi sia un luogo (sacro o profano) in cui abita l'uomo, dove gli sia interdetto di vivere la gioia con canti, balli, e altre "diavolerie" che lo rendono felice. Il punto a cui mira il nostro intento è un altro.

Intendiamo infatti far notare il danno in cui incorre tanto lo Stato che Fede cattolica quando il "dare a Cesare quel che è di Cesare e a Dio quel che è di Dio" non è visto come "dare allo Spirito Santo quello che è dello Spirito Santo e alla Ragione quello che è della Ragione". La Chiesa cattolica può, di diritto, ritenere che la Grazia di Dio perfezioni la Natura dell'uomo, e che il sapere della Ragione faccia da ancella al sapere della Fede, ma quando un tale convincimento, anziché essere ritenuto e promosso

---

[70] Tra i molti guai che conseguono al convalidare "matrimonio e famiglia" in virtù di un accordo tra Natura e Grazia, o tra Fede e Ragione, oltre all'ipostatizzazione della famiglia di cui parleremo, ve n'è anche un altro. Ed è il guaio a cui va incontro il corpo umano (e con ciò la sessualità umana) che diventa la parte immonda dell'umana natura, e dalla cui stretta ed essenziale vicinanza l'anima deve guardarsi se non vuole essere imbratta "di" e "da" corporea impudicizia. Stiamo parlando dell'anima *immortale*, che è gloriosa in vita, e del corpo *mortale*, che è glorioso solo dopo morte. (Così infatti si esprime la fede cristiana). E a voler procedere oltre in questo disastrato cammino, troveremmo che, a fare la parte della mente è l'innocente razionalità dell'uomo, mentre a fare la parte del corpo, è la colpevole irrazionalità della donna: l'inquisitore e la strega, ossia, l'indiavolata Eva che trascina nella colpa l'innocente Adamo. Le conseguenze sono tanto nefaste che vi sarebbe quasi da aggiungere (sia detto beffardamente): ben venga il nichilismo che almeno butta ugualmente nel nulla sia la vittima che il carnefice!

come un dato di Fede, viene posto (tanto più se imposto) come un dato di ragione, allora cominciamo i guai e solo guai.

Che se poi si sostiene che, tra la natura dell'uomo e quella di Dio vi è concordanza perché Dio non può andare contro l'opera delle sue mani, questo, è la fede a dirlo, non l'evidenza della storia. (E quando diciamo "fede", intendiamo dire che, chiunque avesse una tale opinione, è solo in virtù di un atto di fede che può ritenere vera una tale concordanza).

Detto questo, vediamo alcuni guai che poco sopra abbiamo soltanto affermati. Il primo, è dato dal fatto che, in virtù del principio che la Grazia perfeziona la Natura (e la Fede la Ragione), la Chiesa cattolica ritiene che, *di diritto* (il diritto che ha in sé l'incontrovertibile "verità"), le leggi di uno Stato *debbano* essere la proclamazione della sua visione sociale e religiosa della vita. Sì da essere "legali" quelle ad essa conformi, e "illegali" quelle che ad essa non sono conformi. In modo cioè che, alla fine, la fede cristiana sia *il fine* a cui devono mirare le leggi. Un modo, diciamo noi, che apre la porta a che in uno Stato (ci riferiamo soprattutto all'Italia) entri ad imperare (in maniera evidente o strisciante) la Teocrazia. (Abbiamo messo in corsivo l'espressione "di diritto", convinti come siamo che sono tanti i modi di tenere aggiornato il concetto che del rapporto tra Chiesa e Stato ne avevano Innocenzo III e Bonifacio VIII[71]).

---

[71] Benché il Concilio Vaticano II affermi che la Chiesa in Politica non può giocare d'astuzia, abbiamo visto la chiesa cattolica predicare ai fedeli di astenersi dal votare onde non raggiungere il Quorum in un referendum contrario al suo modo di pensare. Sì è però che una tale astensione le ha impedito anche di guardare in faccia che ne è della fede cristiana in Italia. Astensione dettata, non, dalla fede, ma dalla paura. Quella stessa paura di guardarsi in faccia che, nella vicenda dei preti pedofili, l'ha fatta intervenire pubblicamente solo perché costretta dalla società civile, sorda e muta in un "mafioso" silenzio, di fronte alle grida di giustizia e verità dovute alle vittime. Silenzio che è stato legittimato dal non dare scandalo ai fedeli, in quanto si ritiene che, con quello scandalo, sarebbe venuta meno in loro la fede nella Chiesa (che li rassicura ad avere eterna salvezza in virtù del trovarsi raccolti sotto il suo immacolato manto). Paura di guardarsi in faccia

Se il pericolo di concepire la vita del cittadino all'ombra della Teocrazia è il primo guaio da noi paventato, l'altro si presenta come una intrecciata corona di spine che la Teocrazia tiene in capo. Ci riferiamo alla concezione spontaneo-naturalista della vita che butta in *pura amministrazione* di bisogni e interessi l'agire politico, sia dello Stato che del cittadino[72].

Se a garantire il futuro della Chiesa cattolica è il numero degli aderenti quale che sia la qualità della loro fede, ovverosia se, per vastità di numero, la fede anagrafica avrà il sopravvento sull'autentica fede, va da sé che la concezione spontaneo-naturalista dell'esistenza abbia a buttare alle ortiche (sia nell'agire come nel pensare) l'unione mistica tra Cristo e la sua Chiesa (che Paolo indica come il fondamento tanto del matrimonio indissolubile come del comportamento in famiglia).

Sia ben chiaro che noi non abbiamo pretese o consigli da dare alla Chiesa cattolica. Siamo qui solo a illustrare ciò che riteniamo legittimo, e cioè, gli ostacoli che paventiamo nell'andare a "costruire la città". Né riteniamo di essere detti "uomini di poca fede", o "cittadini senza criterio" se riteniamo che per un migliore futuro, sia per la Chiesa cattolica come per lo Stato italiano, si pervenisse a metter fine al Concordato. E se a dirci rei di un tale pensiero fossero gli uomini di Chiesa, la nostra risposta è questa: che bisogna *guardarsi dal fideismo*, cioè la "cieca fede" nella vittoria del cristianesimo sul mondo unicamente perché Cristo ha

---

che, oltre ad essere la causa del mancato intervento, ha una portata di irreligiosità più ampia e nefasta che la violenza di cui sono (certamente) colpevoli i preti pedofili.

[72] Tralasciamo, per brevità, i problemi che vive la fede cristiana nel constatare quanto oggi, tra i fedeli, la volontà di potenza della tecnica (per vastità ed evidenza) sia più atta della fede in Dio a "buttare in mare le montagne". Limitiamo pertanto le nostre osservazioni all'intreccio esistente tra a) la *concezione spontaneo-naturalista* della vita, b) il *soggettivismo* (in cui la verità non è "verifica" ma è puramente la "propria" convinzione) e c) il nichilismo (che oggi, in Occidente e pressoché nel mondo intero, trascina ogni cosa a *vivere nell'annientante sua tomba*).

dichiarato che "le porte dell'inferno non prevarranno mai contro la Fede della sua Chiesa". E se è vero, per la fede cristiana, che a guidare la storia della Chiesa è lo Spirito Santo, è anche vero, per tale fede, anche quanto ha detto Sant'Agostino: "che Dio non può salvare te senza di te![73]".

A conclusione di questo paragrafo vorremmo che fosse chiaro perché siamo andati a parlare del fideismo, vedendolo come un ostacolo che incombe sulla costruzione politica della Città. Fideismo altro non è che la fede che si è fatta "natura", e la natura che si è fatta "fede". Pertanto il ragionamento da noi fatto è il seguente: poiché il fideismo è un parto della ritenuta concordia tra Grazia e Natura, o tra Ragione e Fede, esso s'accompagna e rincara la "concezione spontaneo-naturalista"del matrimonio e della famiglia, e quindi va a porsi anch'esso ad ostacolo dell'agire-politico del cittadino, ovverosia, alla costruzione della Città.

Che ne pensa Niklas Luhmann della Famiglia

Il sociologo Luhmann, muovendo dall'analisi funzionalista della realtà come è vista da Parson, critica l'indirizzo storicistico, tanto della sociologia marxista che weberiana. Ed elabora una teoria dei sistemi sociali dove sostiene che, rispetto all'Ottocento, oggi siamo passati da una teoria dei *fattori* a una teoria dei *sistemi*. Mentre la *prima teoria* si configura come una serie di tentativi svolti a ricondurre determinate formazioni sociali a

---

[73] Se, alla fine del terzo millennio, la fede in Cristo sarà ancora in vita, la dichiarazione di Sant'Agostino sollecita ad applicare l'intelligenza (l'intelletto d'amore) all'accadere delle cose, sia del mondo che della fede. In modo appunto da *far sì* che esse accadano, e non, (come vuole il fideismo) di lasciarle accadere. Triste cosa sarebbe, per la fede cristiana, se la fine del mondo fosse la resurrezione di un'oscura e orrenda catastrofe umana apocalittica.

singole cause (tentativi che risultarono fallimentari, data la complessità delle moderne società industriali), la *seconda teoria*, invece, si fonda proprio sulla constatazione che gli attuali sistemi altamente sviluppati non possono essere ridotti né a singole cause né a leggi necessarie. Il che consente di adottare un metodo di analisi funzionale che non analizza gli *effetti* "fattuali" delle singole strutture, ma le *reali possibilità* di una loro interscambiabilità.

Pertanto, per Luhmann, in una società complessa, se si vuole che questa funzioni, bisogna abbandonare l'interpretazione del potere come sistema chiuso (in cui il potere è tutto in mano ad alcuni), e sostituirla con l'interpretazione del potere come sistema aperto (in cui il potere è condiviso). La concezione del potere in un sistema chiuso presuppone che il potere si sviluppi esclusivamente in forme gerarchiche: dall'alto verso il basso, in modo, cioè, monodirezionale. Mentre la concezione del potere in un sistema aperto presuppone che, in forme e misure diverse, tutti i *partners* si tengano in relazione dentro il rapporto di potere, e di questo ne abbiano un "propria" ben *cauterizzata* quantità[74].

Luhmann, avendo a cuore il funzionare del potere nelle società industrialmente complesse, pone al centro della sua riflessione, non, i rischi a cui va incontro un *eccesso di potere*, ma quelli (per lui ancor più gravi) inerenti a un *deficit di potere*. Egli sostiene infatti che nei sistemi sociali complessi (in cui ogni giorno aumenta il numero delle alternative possibili), poiché

---

[74] Quando la potenza del Potere non è "circolarità di vita", diventa dominio. Come avviene al messaggio che *nega* il dialogo, o all'ordine che *ordina* ma non coordina, o all'indicazione che non mostra ma *prescrive*, e magari *proscrive*. C'è da dire anche che, probabilmente, Luhmann considererebbe il nostro discorso "umano troppo umano". Appunto perché, nell'andare a parlare del potere, abbiamo voluto distinguere la *potenza* del potere dalla *forza* del dominio. Sott'intendendo quale "giusto potere" il primo e "ingiusto potere" il secondo. Una distinzione, direbbe Luhmann (e con lui anche Severino), che lascia il tempo che trova, perché il potere (dominio o altro che sia) è pur sempre "volontà di potenza".

maggiore diviene l'onere sociale complessivo della prestazione selettiva, più elevata deve essere anche la quantità di potere attivata. Per questo il pericolo maggiore che incombe sulle società avanzate (caratterizzate dalla completa differenziazione dei sottosistemi primari e dall'elevata interdipendenza di tutte le prestazioni funzionalmente specificate) è la perdita di funzioni di potere, e quindi la sua evidente inefficacia e, di conseguenza, il suo declino.

In altre parole, per Luhmann, lo Stato, in una società industrialmente avanzata, è un sistema complesso formato da più sottosistemi: lavoro, scuola, famiglia, divertimento, eccetera. In cui il "gioco" tra il sistema e i sottosistemi si configura alla stessa maniera dello yo-yo. Dove, chi ha il potere sullo snodarsi del filo, e quindi sulla rotella ad esso legata, può lasciarla libera di percorrere lo spazio (poco o tanto) che più ritiene opportuno. Ma non oltre, altrimenti il filo si spezza, e con lui salta completamente il gioco. Allo stesso modo di quel gioco (diciamo noi) ha da comportarsi uno Stato, il quale deve (a seconda di quanto maggiormente "conviene" al Tutto e alla Parti) allentare o tirare il filo del potere, sempre attento a che lo spazio da tenere in gioco non s'allunghi al punto di lasciare le parti andarsene per conto proprio, né si restringa al punto di avocarle totalmente a sé in un dominio che non permette di stare sull'utilità che a tutti conviene dal "saper stare al gioco". Ed è evidente che, qualora una delle due evenienze avesse l'esclusività del Potere, tanto nell'uno come nell'altro caso, salta tutto il sistema.

Questo significa che un sistema, per essere-e-restare tale, deve possedere *coerenza* di struttura e *correttezza* di processi: coerenza, per quanto riguarda le parti in relazione al Tutto, e correttezza, per quanto riguarda l'ordinamento e lo svolgimento delle parti tra di loro (rispetto al Tutto). E questo, onde evitare equivoci e confusioni ma, soprattutto, onde evitare la schizofrenia per cui una parte del sistema con una mano si mette la giacchetta, mentre, nello stesso istante, un'altra parte gliela toglie. Coerenza e correttezza, pertanto, fanno sì che un sistema sia contemporaneamente chiuso a sé e aperto agli altri. Che è poi quanto avviene negli organismi viventi, dove le membrane di un determinato organismo, allo stesso tempo, chiudono e aprono il loro passaggio a seconda delle sostanze salutari o nocive con cui vengono a contatto.

Che in Italia la Famiglia, rispetto allo Stato, sia un sottosistema, non ci sono dubbi. Tanto che se ne è fatto un Ministero a parte. Scelta politica che, appunto, impone di porre attenzione (etica, culturale, politica, economica, giuridica) al "gioco" che intercorre tra Famiglia e Stato. Gioco che, quando viene a mancare, introduce nel rapporto tra Stato e Famiglia una nefasta equiparazione. Determinata dal fatto che, qualora non si conceda alla famiglia un propria libertà e autonomia di potere, essa diventa "famiglia di Stato" o, peggio ancora, *la famiglia della dittatura di Stato*[75].

L'ipostatizzazione della Famiglia

Una determinata realtà quando viene ipostatizzata incarna la numinosa natura dell'Idolo. Il quale, pur essendo privo di storia propria (perché eterno), e privo di libere scelte (perché necessario), "impersona" tanto l'eternità come la necessità al punto da costituirsi "verità immodificabile e assoluta", sia

---

[75] A proposito della difesa della famiglia, non è certo una sua difesa quella che viene sbandierata per vincere le Elezioni politiche. Né è certo un bel modo di difendere la famiglia servirsi del suo nome per rassicurare i cittadini votanti a "confidare" nella serietà e nella moderazione della propria linea politica. Tanto più, quando un tale uso strumentale della famiglia salta sul carro sacro della Chiesa cattolica, suggerendo così ai cittadini di essere un Partito che, oltre a interessarsi del loro benessere è, come la Chiesa, portatore di eterna salvezza. Quanto a noi, sosteniamo che una siffatta distorsione va a consolidare l'ipostatizzazione della famiglia e, con essa, la concezione puramente spontaneo-naturalista su cui l'ipostatizzazione si fonda, andando così ad ostacolare la "costruzione della città".

nell'essere che nell'agire. Pertanto la famiglia ipostatizzata, nel diventare "numen idolatrico", ha in suo esclusivo possesso una onnipotente e sovrumana "magia" di cui, a piacimento, disporre[76]. Sapere e potere magico che, nel nostro caso, negando e ignorando la *natura storico-politica* della Famiglia, la fa vivere unicamente come dato biologico, ossia fondata sulla concezione puramente spontaneo-naturalista della vita (da essere così un ostacolo tanto per la formazione politica del cittadino che per la "costruzione della città"). La qual cosa, espressa nel linguaggio della Arendt, sta a dire che la ipostatizzazione della famiglia è, al contempo, produzione (causa) e prodotto (effetto) della vittoria dell'animal laborans: la "vita animale" che tiene imprigionate in sé le possibilità storiche sia dell'homo faber che dell'homo civis.

Pertanto, nell'andare a promuovere e a difendere la sacralità inviolabile della Famiglia, conviene riflettere e distinguere: riflettere, su perché nel mondo vi siano tanti modi di concepire la famiglia; e distinguere, per non andare a imporre il proprio modo come "unico", adducendo magari a "prova di verità" la concordanza tra l'umana natura e la volontà divina (concezione indebita, in quanto della propria "legge di fede" se ne fa una "legge di natura" valida per tutti). In sostanza, a non riflettere e a non distinguere, si finisce col fare della Famiglia un *"macete manicheo"* affilato, per meglio far fuori gli avversari, tanto in Politica come nelle credenze religiose. (Facendo "buoni" quelli che ne fanno la salsa mescolata e rimescolata di ogni loro discorso, e "cattivi" quelli che ne parlano riflettendo e

---

[76] Per sapere che cosa intendiamo per "ipostatizzazione", si prenda ad esempio una città che, a motivo delle sue bellezze artistiche, fosse detta "città d'arte e di luce". Una tale città viene ipostatizzata quando, per il solo fatto di essere così denominata, ha in quella denominazione il *"numen"*, ossia la potenza magica di rendere *illuminati d'arte* sia gli occhi che le menti dei cittadini che la abitano. Anche se poi, nel concreto svolgersi dei fatti, quella seducente attribuzione finisce con l'essere uno spot pubblicitario unicamente a uso e consumo dei molti turisti che la frequentano.

distinguendo). Oppure (ma il risultato non cambia), facendo della Famiglia il *"ritrovato magico"* che "tutto fa" (cioè che salva o che condanna) a seconda che se ne sappia bene condire la parola, o per il solo fatto di averla pronunciata. Quasi che, al mondo, di buono o di cattivo ci sia solo la Famiglia (a somiglianza dell'asso pigliatutto che, a giocarlo o a non giocarlo, fa vincere o perdere la partita![77])

La Famiglia, dunque, quando è concepita e vissuta come realtà spontaneo-naturalista, facilmente finisce con l'erigersi a numinosa essenza ipostatizzata. La quale, anziché insegnare a come stare sulle differenze potenziandone la feconda ricchezza, insegna invece a identificare tutto a sé in una autoreferenza che tutto aliena[78]. Un discorso, questo, che illustriamo ricorrendo ad un primo e secondo esempio.

Nel carme "Dei Sepolcri", scritto dal Foscolo, si apprende che un qualsiasi cimitero di questo mondo è più la casa dei vivi

---

[77] Il continuo parlare della Famiglia, ad ogni occasione e ovunque, senza riflettere e distinguere, può essere più a suo danno che a sua difesa. Il troppo storpia. Cosa ben diversa è invece l'amorevole sollecitudine (che di sua natura è sempre "economica") che ne parla ponderando la conveniente misura da dare alla cose (onde non avvenga che l'eccesso di protezione dato al tetto della casa non lo faccia poi cadere in testa a chi vi abita). Quindi: sostegno alla famiglia sì, ma assolutamente fuori da ogni sua ipostatizzazione!

[78] A mo' di corollario di quanto stiamo dicendo è opportuno rilevare l'uso strumentale della famiglia nella concezione ideologica di taluni uomini politici che si erigono a difensori della famiglia unicamente perché vedono in essa *la miglior garanzia della stabilità dello Stato*. È evidente quanto questa concezione sia aberrante, se promossa da un politico che ama dichiararsi "cattolico". Dal momento che, nella dottrina della Chiesa cattolica, la famiglia si fonda sul matrimonio che è un "sacramento", e andarli a disgiungere, erigendo la famiglia a miglior garanzia della stabilità dello Stato, è offesa tanto alla Fede che alla Stato. Alla fede, perché di un "sacramento" se ne fa un "simulacro"; allo Stato, perché non si avverte che un sì fatto uso strumentale del sacramento, è alla fine causa ed effetto di una concezione teocratica della Stato.

che quella dei morti. Ed è così anche al paese dove per anni abbiamo vissuto. Su ogni pietra tombale, infatti, vi è un'unica scritta: "i tuoi posero". Non vi è cioè niente che sappia di "nota personale" alla vita del defunto, anche se a diciotto anni è andato a fare la guerra in Russia o, come emigrante, se ne è andato a cercare lavoro in America. Un'eguale sorte hanno anche le pietre tombali che ricoprono i corpi dei Sindaci che, in più di una legislatura, hanno avuto la responsabilità dell'intero paese. Anche per loro, la "cosa" che ha dato senso alla loro vita è unicamente la "casa" in cui sono nati, la casa dei "tuoi che posero". Ma, in quel cimitero, se questa è la regola, vi è anche un'eccezione che la conferma. Si tratta dei parroci e curati che, durante il loro ministero, sono morti in paese. I quali giacciono sepolti in una cappella tutta propria, posta nella parte più alta, al centro del cimitero, ad avere anche in quel luogo il ruolo che spetta alle "personalità sovrastanti". Inutile cercare sulle loro tombe "i tuoi che posero"! Mentre in compenso sono incise a caratteri dorati tutte le "opere pubbliche" che personalmente hanno fatto. Riconoscimento che celebra a dovere la sorte di uomini "celibatari" senza famiglia, perché sia a tutti evidente che la famiglia è fatta per "mettere su casa", e non, per "costruire la città". Quanto, nell'esempio portato, si voleva dimostrare[79].

Quale secondo esempio riferiamo la nostra personale esperienza. Esperienza che si guarda bene dal generalizzarne il contenuto! E è scritta unicamente come testimonianza al pensare.

---

[79] Evidentemente non tutti i cimiteri sono come quello del paese di cui parliamo. In cimiteri di paesi non lontani dal nostro vi sono "scritte" che vanno ben oltre la frase "i tuoi posero" (anche se, per lo più, è questa la memoria generalmente incisa). Certo, fa piacere leggere sulle tombe dei morti frasi così tanto vive! Ad esempio: "I tuoi occhi di luce saranno sempre il nostro sole"; "Il tuo sorriso è l'arcobaleno che tinge ancora il cielo della nostra speranza"; "O mio Signore, finalmente vengo a trovarti!". (Si badi bene, nell'esempio portato riguardante il paese dove abbiamo vissuto, non vi è nulla che intacchi il rispetto e l'amore dovuto al dolore e all'affetto dei "tuoi cari che posero").

Entrambi gli autori si sono trovati a fare i docenti nei Corsi di Formazione professionale infermieristica. Dio sa quanto sia difficile far comprendere agli allievi che i rapporti di integrazione operativa (necessari all'esecuzione di un'opera nel mondo-lavoro) hanno differente qualità e organizzazione rispetto ai rapporti personali vissuti e appresi nell'intimità della famiglia. In quanto, mentre i primi mirano principalmente ad agire in un modo razionale e impersonale, i secondi, invece, hanno a cuore la vita affettiva e personale.

E quando insistevamo nel dire che nel mondo del lavoro lo stare insieme *unicamente* per simpatia è cosa da lasciare a casa, il fastidio causato era tale da innescare a volte un'aperta ribellione, tanto da chiedere alla Direttrice della scuola di intervenire perché rimettesse al giusto posto i sacrosanti e irrinunciabili rapporti d'affetto vissuti in famiglia. Sono questi, gli "irrinunciabili e sacrosanti rapporti familiari" che spiegano perché, nelle statistiche sociologiche, lo stress da lavoro nel Pubblico impiego (o nei Servizi sociali in genere) sia causato, di gran lunga, più da questioni riguardanti i rapporti interpersonali (incompatibilità di carattere, fuggevoli sgarbi, simpatie tradite, eccetera) che dalla fatica inerente all'esecuzione di un determinato lavoro.

A volerlo, gli esempi di quanto stiamo dicendo sarebbero molteplici. Comunque, nei due che abbiamo portato, si può ugualmente notare come nella famiglia, concepita in modo spontaneo-naturalista, vi sia il pericolo di impedire ai figli, nati in casa, di "vedere" la città o la piazza, alienandoli dall'essere-concittadini, incuranti quindi dell'agire politico teso a "costruire la città". Non ci vuol molto a comprendere che il "vivere la casa" del figlio-abitante è cosa ben diversa dal "vivere la città" del figlio-cittadino! E se è "naturale" che "casa" e "città" non abbiano da essere in contrasto tra loro, è anche conveniente e doveroso fare in modo che l'una non sia il "tutto", e l'altra, il "niente". Per cui, anche nel rapporto tra figlio/cittadino" e casa/città vale il principio dell'integrazione: "differenziare senza separare, congiungere senza confondere".

La conclusione di questo paragrafo è, dunque, che a piedistallo dell'ipostatizzazione della Famiglia vi è la concezione spontaneo-naturalista della vita, secondo la quale, come dice la Arendt, ciò che diventa il bene supremo dell'umana esistenza, non è lo sviluppo del "personale-possibile", ma il "perdurare della specie". Di modo che, poco importa la costruzione della città, perché quanto basta a vivere è (se di un professionista si tratta) il ragguardevole stato sociale, e (se di un operaio si tratta) l'assicurato posto di lavoro. Siamo cioè alla vittoria dell'animal laborans su il "cittadino". Per cui ritornano gli inconvenienti di cui abbiamo parlato nell'aver fondata la Repubblica sul lavoratore, anziché sul cittadino.

Che ne pensa Cristo della concezione puramente biologica della famiglia

A scanso di equivoci precisiamo che il voler parlare di che cosa pensa Cristo (e di conseguenza, la Chiesa cattolica) della famiglia, non significa aderire, per ciò stesso, a quella concezione. E questo, perché un discorso fatto dalla fede va lasciato alla fede, così come è di un discorso fatto dalla ragione, in quanto il fare altrimenti porta ad ambiguità ed equivoci che vanno a scapito della "ricchezza di verità" da parte di entrambe: Natura e Grazia, o Ragione e Fede[80].

---

[80] La stessa cosa va detta degli appunti critici che abbiamo fatto e che faremo ai comportamenti della Chiesa cattolica là dove sono, a nostro avviso, indebiti o fuori misura. Un esempio vi è in ciò che segue. Il nostro secolo è il secolo dell'emigrazione di popoli portatori di credenze religiose tra loro differenti. Come si può storicamente constatare, per lo più le "guerre di religione" avvengono, non, per un conflitto di autentica fede, ma per un conflitto tra i modi in cui la fede viene istituzionalizzata. Identificare fede e istituzione *riduce la fede a "religione"*, riduzione che porta al massacro: le guerre di religione, appunto. Stiamo parlando del conflitto in

Nel Vangelo di San Giovanni, al capitolo terzo, si narra di una visita fatta a Cristo, nel cuore della notte, da un capo dei giudei, il fariseo Nicodemo, dottore in Israele. Sunteggiamo il colloquio. Cristo dice: «In verità, in verità ti dico, se uno non *rinasce* dall'alto, non può vedere il regno di Dio». Al che Nicodemo gli domanda: «Ma, come può un uomo rinascere quando è vecchio?». E Cristo, per spiegargli che cosa significa il "rinascere dall'alto", gli risponde: «Quel che è nato dalla carne è carne e quel che è nato dallo Spirito è Spirito. Non ti meravigliare se t'ho detto: dovete rinascere dall'alto!».

Il colloquio che abbiamo riportato è la giusta premessa allo stato d'accusa in cui Cristo nel Vangelo mette, a più riprese, la concezione puramente biologica della famiglia, nella quale, "ciò che è nato dalla carne è carne", e quindi, in contrasto con quanto viene detto del nascere dall'alto dello Spirito, e di cui, l'indissolubilità del matrimonio tra uomo e donna, ne vorrebbe ad essere la divina esplicitazione: "Ciò che Dio ha unito, l'uomo non separi!".

---

cui l'edificio chiesa è mandato in guerra contro l'edificio moschea, l'insegnamento della religione cattolica nelle scuole contro il no all'uguale diritto per la religione mussulmana, il velo contro il non velo, un simbolo religioso contro un altro simbolo ugualmente religioso, e via di questo guerresco passo. Né si creda, in ciò che diciamo, che abbiamo obiezioni da porre alla presenza del "crocifisso" nei luoghi pubblici dell'Occidente, perché il nostro convincimento punta ad altro. Non vorremmo cioè che in nome di Dio si pervenisse alla territorializzazione del divino: un boccone di terra a Cristo, un altro a Maometto, un altro a Buddha. L'esclusivo possesso che poi porta alla guerra. In cui a vincere la partita è chi più ha ricchezza e organizzazione di mezzi tecnologici di divulgazione, ma, la cui potenza rischia alla fine di diventare essa stessa l'oggetto della fede in cui credere. Per cui riteniamo più che necessario che venga accolto l'invito di Raimon Panikkar al cristianesimo di far cadere la maschera dell'Occidente dal volto di Cristo per renderlo meglio percepibile sia ai cristiani che ai non cristiani. In definitiva, la conclusione del nostro discorso è che la fede in Dio, quando è ridotta a "Istituzioni religiose", fa di una *differente civiltà* una *civiltà nemica*.

A vedere che ne pensa Cristo della concezione puramente biologica della famiglia, iniziamo dal suo "volontario smarrimento nel Tempio", quando cioè il bambino Gesù aveva dodici anni. Era andato assieme ai genitori in pellegrinaggio da Nazareth a Gerusalemme, e invece di tornare a casa con loro, senza informarli, si fermò a discutere con i dottori del Tempio e a interrogarli. Il testo evangelico, nel narrare il ritrovamento, è di un tale candore che suscita tenerezza. «E i suoi genitori vedendolo, ne furono meravigliati, e sua madre gli disse: Figlio perché ci hai fatto questo? Vedi, tuo padre e io, addolorati, andavamo in cerca di te. Egli rispose loro: Perché mi cercavate? Non sapevate che io mi devo occupare di quanto riguarda mio padre? Ma essi non compresero quello che aveva detto». (Lc. 2,48-50). L'evangelista Luca aggiunge «Sua madre [tuttavia] custodiva in cuor suo tutte queste cose». Un commento che è tutto un programma di fede e di amore. Perché è solo il tutt'uno di fede e amore che tiene custodito in cuore ciò che non si è compreso di un "inaudito annuncio di verità".

Un giorno, mentre Gesù stava parlando alla folla, una donna presa da entusiasmo tutto materno gli grida: «Beato il grembo che ti ha portato e le mammelle che hai succhiate! Ma egli disse: Beati piuttosto quelli che ascoltano la parola di Dio e la mettono in pratica». (Lc. 11, 27-28). Un altro giorno ancora, mentre stava parlando alla folla, uno degli ascoltatori lo avvertì: «Tua madre e i tuoi fratelli sono là fuori che vogliono parlarti». Ma egli, rispondendo a chi lo aveva informato disse: «Chi è mia madre e chi sono i miei fratelli? Poi stendendo la mano verso i suoi discepoli disse: ecco mia madre ed ecco i miei fratelli. Perché chiunque fa la volontà del Padre mio che è nei cieli, questi è per me fratello, sorella e madre». (Mt. 12, 46-49)

Ma non è tutto. Nell'istruire i suoi discepoli proclama: «Non credete che io sia venuto a "portare pace" sulla terra. Non sono venuto a portare la pace ma la spada. Perché sono venuto a dividere il figlio dal padre, la figlia dalla madre, la nuora dalla suocera, e i nemici dell'uomo saranno i suoi familiari. Chi ama il padre o la madre più di me, non è degno di me; e chi ama il figlio o la figlia più di me, non è degno di me». (Mt. 19, 34-37). [Anche se (sia detto scanzonatamente) non occorreva la spada di Cristo a dividere la suocera dalla nuora!].

E infine, un giorno, mentre stava andando a Gerusalemme, Gesù incontrò uno che disse di volerlo seguire. "Seguimi!" fu la perentoria e stringata risposta. Ma quegli obiettò: «Signore, concedimi di andare prima a seppellire mio padre! E Gesù: Lascia che i morti seppelliscano i loro morti, tu va' e annunzia il Regno di Dio!» (Lc. 9, 59-60)

Abbiamo visto, dunque, con che decisione Cristo anteponga al concetto di famiglia l'obbedienza alla volontà di Dio, il Padre suo che sta nei cieli. Ma che significa fare la volontà di Dio, se di lui si dice, tanto nel Vecchio Testamento come nel Nuovo, che nessun vivente può guardare in faccia Dio, pena il morire? Di modo che, stando così le cose, la conclusione più legittima da tirare è che tanto il "fare la volontà di Dio" come "l'amore a Dio" sono espressioni che, riferite alla sua onnipotente immensità, ci dicono di Lui soltanto l'insondabile mistero: ciò che Egli non è (come appunto afferma la Teologia negativa). Fortunatamente, Cristo prima, e Giovanni e Paolo poi, ci vengono incontro dando alla recondita volontà di Dio un equivalente volto umano: il visibile intermediario dell'invisibile volto di Dio. Che si trova racchiuso in un "comandamento nuovo", e cioè l'amore ad ogni uomo, amico o nemico, buono o cattivo: "siate prossimi gli uni agli altri da amarvi come amate voi stessi". Per cui, alla fine, a questo proposito, il suo pensiero detto liberamente suona così: "Come io ho amato voi, così voi dovete amarvi l'un l'altro, anche se quest'altro è un vostro nemico; ed è da questo che si capirà che siete miei discepoli o, se più vi aggrada, che siete *figli di Dio*".

Ma torniamo ai Vangeli. Siamo al Getsemani, il monte degli Ulivi, nel momento in cui Cristo viene catturato per essere mandato a morte. Il momento è tragico, perché Cristo sa (o di certo presuppone) l'orrenda sorte a cui va incontro. E chiede al Padre che, se mai è possibile, la volontà di Dio nei suoi riguardi

115

abbia un esito meno atroce di quanto "sicuramente" sta per accadere. (Non è un caso se Cristo, nel "sudare sangue" a causa della tristezza mortale in cui è, invoca il Padre con il termine aramaico "Abbà", a dire la figliale devozione del bimbo che s'abbandona tra le braccia del "Babbo"). Ma neanche a un Padre che è Dio, è permesso ricredersi per un destino da Lui eternamente assegnato. Del resto, se stiamo alla fede cristiana, quale che sia il destino assegnato a un uomo da Dio che è "Amore", altro non può essere che un destino d'amore, anche se, per l'uomo, è sempre di un misterioso amore che si tratta: quel misterioso amore per cui, nell'incarnazione di Cristo, vediamo la natura umana "convivere" alla pari con la natura divina senza offuscarne o degradarne l'essenza[81].

Il diniego di Dio Padre alla figliale richiesta del Figlio, va visto secondo quanto San Paolo dice di Lui, che Cristo, cioè, è "ricapitolazione di salvezza universale", dell'universo intero: morte dell'uomo compresa. Diniego che tocca il culmine allorquando Gesù crocifisso grida al Padre: «Mio Dio, mio Dio,

---

[81] Certo è che se Cristo voleva dimostrare al mondo di essere Uomo-Dio nel più estremo e significativo dei modi (la vita crocifissa e la morte risorta) altra terra in cui nascere non poteva avere che quella abitata dal popolo ebraico. Un popolo che, nel corso dei secoli, aveva concepito Dio in modo che nessun alcunché di reale o immaginario potesse rappresentarlo. In quanto, se così fosse, sarebbe un Idolo. Dio infatti nella Bibbia è solo "cifra", tanto che il suo nome, al nominarlo, diventa "vano". La Bibbia quindi, per dire che Dio vive totalmente in una inconcepibile e indicibile trascendenza, ne ha fatto il Creatore del mondo (che Egli ha tratto dal nulla). Per cui un uomo che fosse nato a Honolulu, o a Hong Kong, o in qualsiasi altra parte fuori dalla terra ebraica, qualora dicesse: «Io, la cui madre si chiama Maria, sono Dio», glielo avrebbero lasciato dire fino a che aveva in gola un fil di voce. Ma non, a Gerusalemme! Si veda la richiesta (farisaica) dei Sacerdoti fatta a Pilato: «Ha detto di essere Dio, e secondo la nostra legge deve morire. E dato che per legge noi non possiamo mettere a morte nessuno [si pensi invece alla lapidazione], a farlo morire crocifisso devi essere tu!». Ciò per cui, per il popolo ebraico, il Dio in terra, è ancora una misteriosa promessa.

perché mi hai abbandonato?!». (*Eloì, Eloì, lamà sabactani*?!).
Tutto nella vita di Cristo è mistero: la nascita nel ventre di una
donna per opera dello Spirito Santo, la resurrezione da morte:
tutto insomma. Ma mistero più mistero di questo grido, è difficile
immaginarlo! La nostra interpretazione è che in quel grido vi è il
senso che ha, per ogni uomo, l'essere-mortale: il destino che, per
il solo fatto di essere-uomo, lo porta a *vivere*, nel morire,
l'abbandono da parte dell'intera comunità umana. Proprio lui,
l'uomo che, per essenza, "di" e "da" quella umana comunità è
personalmente costituito.

La conclusione ai discorsi fatti in questo paragrafo è detta
nelle ultime volontà di Cristo in Croce, e nel commento che ne fa
l'evangelista Giovanni. «Stavano presso la croce di Gesù sua
madre, la sorella di sua madre, Maria di Cleofa e Maria di
Magdala. Gesù allora, vedendo la madre e lì accanto a lei il
discepolo che egli amava, disse alla madre: Donna ecco tuo figlio!
Poi disse al discepolo: Ecco tua madre! E da quel momento il
discepolo la prese nella sua casa». (Gv. 19, 25-30). Dopo di che
Gesù esclamò "tutto è compiuto". Poi, chinato il capo, rese lo
spirito.

L'abbandono del Figlio da parte di Dio-Padre, il dono della
propria madre che Cristo ha fatto al discepolo prediletto, dicono
chiaramente che i termini Padre, Madre e Figlio, visti alla luce dei
Vangeli, quando vengono ridotti a ruoli o a concetti biologici,
perdono ogni senso, e questo tanto nella Trinità di Dio come nella
Persona di Cristo. Dicono cioè che, tanto in Cristo come nella
Trinità Santissima, i nomi Padre, Figliolo e Spirito Santo sono
solo "maschere umane" che Dio ha posto sul proprio volto per
meglio essere prossimo alla comunità degli uomini.

Il credente cattolico, quindi, non ha che da trarne le
conseguenze. Che, a nostro avviso, portano a dire che tutti i
termini usati per denominare i componenti di una famiglia (quale
che sia il concetto che abbiamo della famiglia), dicono l'*essere*
dell'umana esistenza, per cui i nomi padre, madre, figlio,
sorella... dicono, per ogni essere umano, sia le attribuzioni

personali come la totalità dell'intero universo. Cioè la "nostra" terra non più isolata dal Tutto, ma l'Eterno in cui e di cui viviamo e "siamo". Un modo d'essere, quindi, della famiglia, che è essenzialmente "altro" rispetto alla concezione che la vede unicamente come *biologica unione eterosessuale*.

L'indissolubilità del matrimonio

Dobbiamo ancora una volta ricordare al lettore che stiamo parlando dell'indissolubilità del matrimonio unicamente nell'intento di individuare taluni ostacoli che è necessario rimuovere nell'andare a "costruire la città". Quindi non si pensi che il parlarne dipenda da un nostro particolare sfizio teologico. La Teologia è una scienza che è molto al di là delle nostre competenze. L'intento del nostro interessamento è, pertanto, solo quello di illustrare la deviante strada a cui porta l'indissolubilità del matrimonio quando, invece di essere un "dato di fede", finisce con l'esaltare lo stato celibatario del prete. Un concetto, questo, che andando semanticamente alla deriva, passa, dapprima, a dire che solo il maschile può essere "sacro", per poi concludere che "potere", "sacralità" e "maschile" sono tutt'uno. "Consacrazione maschile" (sia in campo religioso come in campo profano) che è *volutamente* "dissacrazione femminile", il che è di enorme ostacolo alla "costruzione della città".

Dunque, secondo noi, qualora l'indissolubilità del matrimonio non venga presentata come un "dato di fede", corre il rischio di diventare la razionalizzazione di una "accomodata" ideologia ad uso e consumo soprattutto di quei cattolici che sono tali solo in quel quanto e per quel tanto che anagraficamente *gli* conviene[82].

---

[82] Il pericolo a cui si espone l'indissolubilità del matrimonio, qualora si trovi ad essere istituita sulla concezione puramente biologica dell'umana esistenza, è quello che porta a interpretare la "fedeltà" come "possesso". Il cui nefasto esito lo si riscontra in modo evidente quando i figli di genitori

Nei Vangeli, a parlare per disteso dell'indissolubilità del matrimonio è San Matteo. Il quale narra di un gruppo di farisei che si presentarono a Cristo per metterlo alla prova, chiedendogli: «È lecito ad un uomo ripudiare la propria moglie per qualsiasi motivo?». A cui Cristo rispose: «Non avete letto che il Creatore da principio *li creò maschio e femmina* e disse: per questo l'uomo *lascerà suo padre e sua madre e si unirà alla sua donna e i due saranno una carne sola?* Così che non sono più due, ma una carne sola. *Quello dunque che Dio ha congiunto l'uomo non separi».* Al che i farisei gli obiettarono: «Perché allora Mosè ha ordinato di *darle l'atto di ripudio e di mandarla via?».* (È evidente che con questa domanda intendevano dire che, quanto al matrimonio, Mosè ne aveva indirettamente legalizzato la dissolubilità). La risposta di Cristo fu: «È perché siete duri di cervice che Mosè vi ha permesso di ripudiare le vostre mogli, *ma all'inizio non fu così.* Perciò io vi dico: Chiunque ripudia la propria donna, a meno che non sia una concubina [nel qual caso ripudiarla è un dovere], e ne sposa un'altra, commette adulterio». (Mt. 19, 7-8 Il corsivo è nostro).

---

separati vedono nella separazione solo un tradimento, e non, anche, la possibilità che quella separazione sia la presa di coscienza di una errata valutazione reciproca avvenuta all'inizio del matrimonio. Si badi bene, non stiamo, con questa affermazione, inneggiando al divorzio, ma stiamo semplicemente dicendo che quella separazione, vista unicamente come tradimento, è conseguenza, in tanta parte, di una situazione che viene da lontano: quando padre e madre si sono accinti a "vivere insieme", e abbiano iniziato quel rapporto matrimoniale (è infatti di "matrimonio indissolubile" che stiamo parlando) considerandolo unicamente come "dato" di natura. Pertanto, il vero problema, è piuttosto una più attenta "preparazione al matrimonio". In definitiva, se è comprensibile (e naturale anche) che l'amore sia il voler avere potere da parte dell'amante sull'amato (e quindi che anche di possesso, si possa parlare), altra cosa è il voler stare insieme in un rapporto matrimoniale. Poiché un tale rapporto è "problema d'esperienza", come tale ha anche da restare, ed è deleterio e controproducente pensare di risolverlo decapitandolo con la mannaia della colpa: tradimento appunto.

Gli dissero i discepoli: «Se questa è la condizione dell'uomo rispetto alla donna, conviene non sposarsi!». Un commento prettamente mercantile e maschilista, con il quale intendevano dire che se, nel rapporto tra uomo e donna, l'utile non sta tutto dalla parte dell'uomo, non ha alcun senso che egli abbandoni padre e madre per andare a cercarsi una donna. E a loro Cristo rispose: «Non tutti capiscono queste parole [cioè che "all'inizio non fu così"], ma soltanto coloro a cui è stato concesso».

E tra coloro "a cui è stato concesso" vi è sopra tutti San Paolo, per l'interpretazione che dà dell'indissolubilità del matrimonio. Per San Paolo l'unione tra uomo e donna nel matrimonio, è indissolubile, non tanto in forza di una sua "naturale" natura, ma perché è l'espressione "sacramentale" dell'indissolubile unità che lega Cristo alla sua Chiesa. Ne risulta perciò che il matrimonio è indissolubile perché "pegno d'amore", pari al mistero d'amore che lega Cristo alla sua Chiesa. Un concetto che, nel rito, viene ricordato ai due "ministri-celebranti il matrimonio" (l'uomo e la donna) che si sposano in chiesa.

Ma per comprendere l'interpretazione dell'essenza del matrimonio che ne dà San Paolo, bisogna rifarsi al concetto a lui tanto caro di "Ricapitolazione di ogni cosa in Cristo", un concetto secondo il quale Cristo è il senso e *il* fine (l'inizio e *il* fine) non solo di quanto è stato detto dalla "Legge" e dai "Profeti", ma della storia umana e dell'intero universo. La stessa ricapitolazione e lo stesso compendio che troviamo nel Prologo del Vangelo di San Giovanni: «Tutto è stato fatto per mezzo di lui, e senza di lui, niente è stato fatto di tutto ciò che esiste». (Gv. I, 3)

Tuttavia non si può accostare l'idea di "Ricapitolazione di ogni cosa in Cristo" fatta da San Giovanni con quella che ne ha San Paolo, senza sottolineare la differenza che vi è tra il punto di vista da cui partono. Intendiamo dire che se, tra i due, il concetto di "compiuta ricapitolazione" è uguale, il fondamento su cui quel concetto si fonda è sostanzialmente differente. E cioè: mentre San Giovanni parla di Cristo che "tutto ricapitola" quale incarnazione di Dio-Amore, per San Paolo, invece, una tale ricapitolazione è data dall'incarnazione del Dio-Redentore. Amore che dà vita, da una parte, e amore che la redime dall'altra. Di conseguenza: l'innocenza della carne, da una parte, e il corpo del peccato, dall'altra[83].

San Paolo tuttavia va anche capito, e – staremmo per dire – che, per la sua mai sazia (e sempre inquieta) ricerca di verità, va anche rispettato, e perfino amato. Diciamo questo perché, nel parlare di lui, si deve tenere presente che è un convertito. E come ogni convertito ebbe anche lui la tendenza ad essere, come si suol dire, "più papa del papa". E inoltre, nel giudicare l'asperità del suo linguaggio solitamente portato a estremizzare tutto ciò che affronta, c'è da tener presente anche l'ardente totalità di preda mistica, permanentemente rapita in Dio: «Non sono io: è Cristo che vive in me!», diceva. Il che lo portava ad essere radicale e indomabile in ogni sua scelta.

Ma, una volta affermata la sua ammirevole dedizione al servizio di Dio, sarebbe miopia di interpreti se sorvolassimo sul non felice rapporto che ebbe in lui il maschile e il femminile, la sessualità e il corpo della donna. O ritenessimo una confessione di poco conto quella in cui afferma di avere nella carne un pungolo che non gli dà pace. Intendiamo dire che, il "come" San Paolo ha vissuto queste realtà, non è cosa affatto di poco conto, perché egli, del proprio *sentire* sessuale, ne ha fatto una *dottrina* (l'essere) che

---

[83] A illustrare il punto di vista di San Giovanni, può servire un fatto a cui abbiamo assistito. Eravamo a un convegno in cui si parlava della necessità di far fronte ai delitti compiuti dalla Mafia in Italia. Un eminente porporato (noto agli spettatori televisivi), dopo le brevi parole dette da chi presiedeva il convegno, si alzò a dire di essere stato inviato dall'attuale Sommo Pontefice a salutarci, ma soprattutto a rincuorarci. E riportò le parole che Sua Santità gli aveva affidato. «Non temere piccolo gregge, perché *su di te vigila sempre l'amorevole occhio di Dio!*». Tra gli astanti ci fu chi osò interrompere l'eminente porporato, dicendogli: «Riferisca a sua Santità che non si preoccupi per noi, perché noi non abbiamo paura, ma, non, in quanto siamo "sotto" l'amorevole occhio di Dio, bensì perché *siamo* l'amorevole occhio di Dio!». (Ed è evidente che *essere-l'amore* di Dio è cosa ben diversa *dall'avere su di sé* il Suo amorevole sguardo).

doveva valere per tutto il mondo cristiano. A prova, si veda che ne pensa del celibato quale bene da consigliare a tutti, e del corpo umano quando lo definisce "corpo del peccato". Concetti che hanno influito enormemente, lungo i secoli, sul pensare e agire del popolo cristiano[84].

Se stiamo al racconto biblico dell'Antico Testamento, va da sé che, per quanto fosse acuta la lungimiranza profetica dello scrittore ispirato, non gli era certamente possibile, prima della venuta di Cristo, "vedere" (il vedere del veggente che "vede" perché "sa") il rapporto sessuale tra uomo e donna "fondato" sul rapporto tra Cristo e la Chiesa. Ma, ciò che allora era incomprensibile, da quando Cristo è venuto a dare ogni pienezza al tempo, a chi fu dato di capire (è lo stesso Cristo che lo afferma), un tale nesso, incomprensibile non lo è più. Certo non lo fu per San Paolo che, come abbiamo detto, di tale nesso ne fa la sua dottrina. In cui, appunto, l'accoppiarsi tra uomo e donna venne sancito da Dio come "indissolubilità" di due-in-una-sola-carne: indissolubilità che ha la sua ragion d'essere nella relazione mistica tra Cristo e la Sua Chiesa. Per cui, quale ineludibile conseguenza, qualora l'unione matrimoniale fosse "solubile", ad

---

[84] Quando San Paolo guarda al corpo dell'uomo dal punto della "ricapitolazione di tutto in Cristo" esso è il "tempio delle Spirito Santo", ma quando ne parla a partire dall'inizio della storia umana, il corpo dell'uomo, a causa del peccato originale, diventa il "corpo del peccato". In altre parole: nel Paradiso Terrestre, il corpo dell'uomo era "cosa buona" in se stessa (in quanto "prolungamento" dell'amore effusivo di Dio creatore), invece, dopo la cacciata dal Paradiso Terrestre, il corpo dell'uomo è di una tale fragilità che basta l'incontro con una meretrice qualunque a fare del Tempio di Dio, il Corpo del Peccato. Facciamo notare che, in tale concezione, è sempre la donna a portare l'uomo fuori strada. Mentre è anche vero che, spesso, una tale denigrazione del femminile ricade sull'uomo maschio come boomerang, in quanto egli (la vittima che si lascia sedurre) si trova ad essere alla fine una persona non autonoma né libera e perciò un irresponsabile. È questa la storia di tanti maschi che non diventano adulti perché non sanno stare sul femminile che è in loro, e lo cercano invece fuori di sé, rifugiandosi magari per tutta la vita in seno alla madre.

andare in frantumi sarebbe l'indissolubilità tra Cristo e la sua Chiesa. Ed è proprio questa "divina" indissolubilità sacramentale che il Divorzio va a intaccare e negare! (Si badi bene, quando in questo caso parliamo di indissolubilità come "unione mistica", il termine "mistico" non va inteso o pensato come "spirituale" – contrapposto a "carnale" – in quanto quel termine dice l'essere: l'unione della Chiesa che "è" in Cristo, e Cristo che "è" nella Chiesa, l'uno dentro l'altro, in modo indissolubile, come viene icasticamente affermato nell'espressione "due-in-una-sola-carne"[85]).

A conclusione del paragrafo riaffermiamo ancora una volta l'intento del libro. E cioè, quello di individuare alcuni tra gli ostacoli che rendono difficile la "costruzione della città". In questo caso, l'ostacolo individuato consiste nel ritenere l'indissolubilità del matrimonio un "dato" di natura, anziché un "fatto" di Fede. Concezione che, a nostro avviso, è dettata dal sostenere che fede e natura sono congiunte tra loro da un concorde e indissolubile legame. Un legame che (a parte ogni considerazione sul danno che ne viene alla fede) finisce con il "consacrare" la concezione spontaneo-naturalista della famiglia, da farla a tal punto "divina", che si impone quale Idolo "indissolubile" di una nefasta personalizzazione contraria all'agire politico.

---

[85] Non può sfuggire alla comune osservazione di quanto la "parata rituale" dei matrimoni "celebrati in chiesa" sovrasti di gran lunga la "sacralità indissolubile" della fede. E se lo facciamo notare, non per questo intendiamo affatto scalfire (anche di un semplice graffio) la festosità pubblica, sacra o profana che sia, dentro o fuori di una chiesa, festosità che s'addice alle nozze matrimoniali tra gli esseri umani. Anche per noi, come per il filosofo Severino, il cammino dell'essere-uomo, al di là di tutto, dolore e morte compresi, è segnato, nella sua eterna profondità, dalla Gioia e dalla Gloria.

Se un Sacramento d'amore degrada in "sconsacrato" dominio

Va premesso che il paragrafo, se è totalmente dedicato a ciò che San Paolo pensa del celibato e della donna, in casa e in famiglia, non per questo intende dire che egli sia stata la causa di un sacramento d'amore "sconsacrato" in dominio. Si vuole solo dire che, nonostante la sua concezione in cui il matrimonio è un indissolubile pegno d'amore (che si fonda sull'unione tra Cristo e la Chiesa), quando dalla dottrina passa alla vita pratica, i suoi consigli e i suoi suggerimenti *prestano il fianco* a quanto viene asserito nel titolo dato al paragrafo. E questo perché, tradito dalla sua ardente radicalità di convertito, ha tradotto il proprio *sentire* in una "regola" da estendere a tutti. In una parola: sosteniamo che ha generalizzato indebitamente il proprio punto di vista.

Comunque, a scanso di equivoci e per il debito dovuto alla verità, prima di entrare nelle considerazioni critiche che faremo sulla sua concezione del celibato, e di quanto dice della donna in chiesa e in famiglia, trascriviamo subito che ne pensa del matrimonio, come "sacro" pegno d'amore, nella lettera che scrive agli Efesini parlando dei doveri coniugali. «Le donne siano soggette ai loro mariti come al Signore, perché il marito è capo della donna, come Cristo è *capo* della Chiesa, del cui *corpo*, egli è il *Salvatore*. Or, come la Chiesa è soggetta a Cristo, così le donne devono essere *soggette in tutto* ai loro mariti. E voi mariti, *amate* le vostre mogli, come Cristo amò la Chiesa ed ha sacrificato se stesso per lei [...], così i mariti devono amare le loro mogli, *come i loro propri corpi*; chi ama la propria moglie, ama se stesso. Nessuno mai infatti ha odiato *la propria carne*, ma la nutre e ne ha cura come fa Cristo con la Chiesa, poiché noi siamo *membra del corpo di Cristo. Per questo, l'uomo abbandonerà il padre e la*

madre e si unirà alla sua donna, e i due saranno una sola carne.
Grande mistero è questo, *inteso come figura dei rapporti che passano fra Cristo e la sua Chiesa*». (Efesini 5, 31-32. Il corsivo è nostro[86]). Il testo, evidentemente, risente e riconferma quanto viene detto da Dio alla donna, a punizione del peccato d'origine commesso: «Tu, sarai attratta con ardore verso il tuo uomo, *ma egli ti dominerà*»[87]. (Gen. 3,16)

Come si vede, nella citazione del Genesi riportata da San Paolo, l'iniziativa nel matrimonio è in mano all'uomo, che lascia padre e madre per andare là dove una donna, da lui scelta, passivamente lo aspetta. Si capisce allora perché Mosè abbia concesso il diritto all'uomo, quale parte attiva del matrimonio, di ripudiare la propria moglie, di cui è il capo, mentre non abbia concesso un pari diritto alla moglie di lasciare il marito. Il motivo

---

[86] Mediante il corsivo abbiamo voluto sottolineare quanto Cristo, in San Paolo, sia visto come "il Salvatore" (amore-che-redime) a differenza di San Giovanni in cui Cristo è amore-che-si-comunica. Oltre a ciò, e di conseguenza, si veda, in quanto abbiamo citato, quanto il "soggetto" da redimere sia il corporeo. Tenendo tuttavia presente che, nel linguaggio ebraico di Paolo, il termine "carne" dice il tutt'uno di anima e corpo: l'uomo, insomma. Di contro (nel confronto con il corpo del peccato), sta invece quanto sia fulgente e perentoria in San Paolo la gloria del corpo in un'anima che vive in grazia di Dio: «Non sapete voi che i vostri corpi sono membra di Cristo? [...] Non sapete voi che chi si unisce ad una meretrice, diviene un sol corpo con lei? [...] E che invece chi si unisce al Signore, diventa un solo Spirito con lui? [...]. Non sapete che il vostro corpo è tempio della Spirito santo [...] e che voi non appartenete a voi stessi? *Glorificate dunque Dio nel vostro corpo*». (I Corinzi, 6, 15-20).
[87] Ma che le cose siano andate proprio come il Genesi dice, anche un credente potrebbe dubitarne. Sapendo che la Bibbia, pur essendo stata scritta da maschi che si ritenevano ispirati da Dio, sempre maschi erano, e l'uomo-maschio, il mestiere di tirare l'acqua al proprio mulino, da che mondo è mondo, l'ha sempre esercitato (salvo forse durante il periodo, se mai c'è stato, del matriarcato). Anche se non c'è da sottovalutare il fatto che la donna, fin da quando viveva nel Paradiso terrestre, imparò a scaricare la propria colpa su altri: in quel caso, sul diabolico serpente.

è evidente: lei, nella casa del suo capo, ne è soltanto l'amata serva!

San Paolo, se molto ha detto del rapporto tra uomo e donna nel matrimonio, molto meno ha detto del rapporto tra genitori e figli in famiglia. Il che spiega perché egli abbia ampiamente elaborato il senso del matrimonio alla luce dell'unione tra Cristo e la sua Chiesa, trascurando invece la riflessione sulla Trinità di Dio quale senso da dare alla vita unitaria tra genitori e figli in famiglia. (Cosa che invece ha fatto Sant'Agostino).

Nel paragrafo, ad illustrare ciò che ne pensa San Paolo del rapporto d'amore, nel concreto della vita matrimoniale tra uomo e donna, seguiamo due piste: la prima, dove sostiene che il celibato è uno stato più eccellente del matrimonio; la seconda, quando parla di come deve comportarsi la donna sia in chiesa che in famiglia. Ci limitiamo a indicare solo queste due piste perché il libro non intende essere un trattato di Teologia, bensì la semplice messa in luce di quanto, nella vita cristiana di tutti i tempi, il fondamento (l'unione Cristo/Chiesa) sia finito dietro le quinte, e quanto invece, nella quotidianità della vita cristiana, abbiano preso la scena le indicazioni concrete che San Paolo ha dato sulla sessualità e sui rapporti tra uomo e donna, tanto in chiesa che in famiglia. Dove è bene notare che egli, nonostante la predicazione del mutuo soccorso d'amore che vi ha da essere tra marito e moglie, afferma con forza, quale indiscutibile verità, la *divina gerarchia* del comando che mette il maschile a "capo" del femminile, a somiglianza appunto di quanto avviene nella comunità ecclesiale in cui Cristo è il "Sacerdote-Re". (Dove è evidente che per San Paolo il Sacerdozio conferito alle donne, sarebbe "blasfema eresia").

Il celibato nella mente di San Paolo

San Paolo era tanto convinto che il celibato fosse uno stato di vita più eccellente del matrimonio, da fargli scrivere «vorrei che tutti gli uomini fossero celibi come lo sono io!». Un'affermazione categorica che egli tuttavia subito attenua, precisando il senso del suo desiderio. Che è appunto quanto scrive ai non sposati e alle vedove, dicendo che «è cosa buona per loro rimanere come sono io; ma se non si sentono di vivere nella continenza, si sposino, è meglio sposarsi che *bruciare dalla passione*». (I Corinzi, 7, 8-9). Dove non può sfuggire che, nel dare un limite alla portata universale del desiderio celibatario da lui espresso, il matrimonio viene degradato a *strumento* che sia di "rimedio alla concupiscenza".

Detto questo, vediamo le motivazioni che egli porta per dire che il celibato è più eccellente del matrimonio. Ne parla illustrando il dono della verginità ai cristiani che vivono in Corinto. «Sei libero da donna? Non andare a cercarla. Però se ti sposi non fai peccato, e se la giovane prende marito, non fa peccato. Tuttavia costoro *avranno tribolazione* nella carne, e io vorrei risparmiarvele [...]. Io vorrei che foste senza preoccupazioni. Colui che *non* ha moglie, si dà pensiero delle cose del Signore, e come possa piacergli; chi *invece* è ammogliato si dà pensiero delle cose del mondo e come possa piacere alla moglie, sicché rimane diviso. Così pure la donna *non* maritata e la vergine si danno pensiero delle cose del Signore, per essere sante di corpo e di spirito; la maritata *invece* si preoccupa delle cose del mondo e come possa piacere al marito. Vi dico queste cose per il vostro bene [...] *in vista della bontà di tale stato* [il celibato] *che facilita l'assidua familiarità col Signore*, senza distrazioni». (I Corinzi 7, 32-35. Il corsivo è nostro).

Quindi San Paolo vede il celibato come uno status che meglio rende possibile all'uomo la totale dedizione all'amore di Dio e alla carità verso il prossimo (il contenuto dei primi due Comandamenti). Sì è però che, del suo convincimento, ne assolutizza la portata al punto da far credere che la totale dedizione a Dio e al prossimo avvenga *solo* nel celibato, e che non sia affatto possibile nella vita matrimoniale. (Come a dire che è la *quantità* del tempo a disposizione, a determinare la totale dedizione a Dio e ai "fratelli", e non, la *qualità* della vita). Ed è proprio a motivo della generalizzazione da lui fatta, che la parola di Dio, nella predicazione cristiana ai fedeli raccolti in chiesa, è stata, per secoli, espressa a insinuare l'idea dell'identità tra celibato (religioso o conventuale) e perfezione cristiana[88].

Annotiamo, da ultimo, che, da taluni esegeti delle Sacre Scritture, la frase dell'apostolo Paolo, "vorrei che tutti fossero celibi come lo sono io!", viene interpretata come risultato della persuasione che egli aveva circa la fine del mondo ormai prossima. E a prova di questa sua convinzione si è soliti addurre quanto scrive ai cristiani di Corinto: «Ciò che mi preme dirvi, o fratelli, è che il tempo della vita è breve, sicché d'ora in poi quelli che hanno moglie, *vivano come se non l'avessero*». (I Corinzi 7, 29). Ma, in realtà, qui a parlare è l'urgente sguardo mistico per il quale la storia è "l'eterno presente". Un ardore che porta il "rapito

---

[88] Si veda a prova di quanto stiamo dicendo quanto afferma in nota la versione ufficiale della Sacra Bibbia (edita con approvazione ecclesiastica nel 1966). «San Paolo consiglia il celibato virtuoso, quale mezzo di maggior perfezione, perché, essendo liberi dagli impegni di famiglia e dalle preoccupazioni che questa porta con sé, mette nella possibilità di attendere meglio al servizio di Dio e alle opere di carità verso il prossimo, *come fanno i sacerdoti, i religiosi e le religiose*». Siamo di fronte ad una autocertificazione di maggior santità che sa di millantato credito, perché, qualora mettessimo a confronto un celibato virtuoso con un matrimonio virtuoso, quale dei due sarebbe più virtuoso? Dove sta la maggiore virtù tra due coniugi che fanno, per esempio, del figlio handicappato l'amore della loro predilezione, rispetto ad una persona celibe che, per amore a Dio, lascia il padre e la madre per fare il sacerdote o la suora?

in Dio" a mangiare il mondo in un solo boccone, saltando i tempi necessari ai processi di ogni storica maturazione[89]. Uno sguardo eternamente rapito, tutto a vantaggio di chi non ha moglie.

Che ne pensa San Paolo del comportamento della donna in chiesa e in famiglia

Iniziamo con uno squillo di tromba che annuncia l'impiccagione in piazza. «La donna impari in silenzio, con tutta sottomissione. *Non concedo a nessuna donna di insegnare*, né di dettare legge all'uomo; piuttosto se ne stia in atteggiamento tranquillo. Perché, prima è stato formato Adamo e poi Eva; e fu Adamo ad essere ingannato, ma *fu la donna* che, ingannata, si rese colpevole di trasgressione. *Essa potrà essere salvata partorendo figli*, a condizione di perseverare nella fede, nella carità e nella santificazione, con modestia». (I. Timoteo 3, 11). Più espliciti di così, non si potrebbe esserlo!

Né meno espliciti sono i consigli che riguardano le giovani vedove che si mettono a disposizione nel servizio alla Chiesa. Consigli dati a Timoteo, il suo discepolo prediletto, che presiedeva la Comunità dei cristiani in Efeso. «Le vedove più giovani non accettarle perché, non appena vengono prese da *desideri indegni* di Cristo, vogliono sposarsi di nuovo, e si

---

[89] Nel rapimento mistico la persona vive l'eterno presente che, in Dio, fa sì che ogni inizio e ogni fine siano tutt'uno. Di modo che spazio e tempo non hanno più né estensione né scorrimento, e sono, invece, il respiro dell'anima. Da tener presente, inoltre, che nel rapimento mistico anche il corpo è "via" da sé, in un tutt'uno di mente e corpo. Per cui, in quel rapimento, pagano o cristiano che sia, ciò che è vicino è anche lontano, e ciò che è lontano, è vicinissimo. (Che fa dire a San Paolo: "il tempo della vita è breve!"). Si pensi allora che può esserne stato del rapimento in Cristo, in un Apostolo come Paolo, temperamento focoso, permanentemente teso a vivere al limite dell'ideale la Fede che lo ha travolto: tutto e ora, qui, per sempre, né più né meno di quanto è detto del desiderio di desiderio.

attirano così un *giudizio di condanna* per aver trascurato la loro prima fede. Inoltre, trovandosi senza far niente, imparano a girare qua e là per le case e sono non soltanto oziose, ma pettegole e curiose, parlando di ciò che non conviene» (I. Timoteo, 5, 11-13). Poi aggiunge: «Meglio è che si sposino, abbiano figli e governino la loro casa, tanto più che alcune si sono sviate dietro a Satana». Non bastasse una sì schietta crudezza, alle donne riserva dell'altro. Siamo sempre ad Efeso dove circolavano errori circa il matrimonio. Latore della lettera è ancora Timoteo. Egli dice di stare in guardia dalla malvagità di alcuni uomini: di quelli soprattutto «che entrano nelle case e accalappino *donnicciole cariche di peccati, mosse da passioni di ogni genere*, che stanno sempre lì ad imparare, *senza mai giungere alla conoscenza* della verità». (II Timoteo, 3, 6-7). Abbiamo riportato il testo perché si veda come San Paolo abbia poca stima dell'intelligenza delle donne, e se talvolta di talune ne parla bene, è per la loro pietà "carità e santificazione con modestia"[90].

In coda ai discorsi fin qui fatti, al fine di meglio illustrare l'influenza che ebbe San Paolo sulla sessualità (e il comportamento sessuale) nella vita celibataria e coniugale dei cristiani lungo i secoli, è giocoforza affrontare il concetto che egli aveva del corpo. Il quale, una volta redento mediante il battesimo, ossia dalla grazia di Dio, è "Tempio dello Spirito Santo" (in

---

[90] Ma a San Paolo sia dovuto quel che gli spetta: pur restando sempre vivo nel suo animo la disistima per l'intelligenza femminile, gli accenti crudi che usa nel parlarne fanno parte, in fondo, anche del suo irruente e focoso estremismo di convertito. Vedi come tratta gli uomini che entrano nelle case delle ignoranti donnicciole cariche di peccati. «Sono uomini egoisti, amanti del denaro, vanitosi, orgogliosi, bestemmiatori, ribelli ai genitori, ingrati, senza religione, senza amore, sleali, maldicenti, intemperanti, intrattabili, nemici del bene, traditori, sfrontati, accecati dall'orgoglio [già detto], attaccati ai piaceri più che a Dio, con la parvenza della pietà, mentre ne hanno rinnegata la forza interiore. Guardati bene da costoro!» (II, Timoteo, 3, 2-5). Un torrente in piena, come si vede, che precipita a salti giù dai monti a inondare la valle! E San Paolo, nel bene come nel male, è fatto così!

quanto appartiene anche lui all'unione mistica tra Cristo e la sua Chiesa), e che, invece, allorché non è stato ancora purificato dall'acqua battesimale, è il "corpo del peccato".

Di fronte a un sì drastico giudizio di condanna contro il corpo non ancora redento, non abbiamo alcuna esitazione nel dire che si tratta di una conclusione "forzata" e di una "indebita ingerenza", che è tale appunto perché San Paolo generalizza il proprio "sentire svilito" del corpo, al punto da farne una "dottrina" (ovverossia un dato ontologico) che, di *una* colpa, ne fa *la* umana natura. Un vero e proprio "accanimento sacrale" contro il corpo, la cui sessualità è, alla fine, "peccaminosa natura".

Si badi bene a non fraintendere quanto stiamo dicendo! Perché sappiamo che non è solo Paolo, ma tutta la dottrina della Chiesa a dire che il peccato d'origine è "ferita" inferta, ossia trasmessa, a tutta l'umanità[91].

Ma ciò che noi intendiamo dire, è che San Paolo ha avuto un ruolo influente nel tenere in salvo, dall'essere in colpa, l'anima immortale (creata nell'uomo direttamente da Dio), mentre così non fu per il corpo che, prevalendo come "corpo del peccato", finì con l'essere il maggior responsabile della morte dell'anima. Perché, non è a caso se si è pervenuti a dire che l'anima non muore, mentre il corpo, per essere insieme con l'anima, deve "risorgere"[92].

---

[91] Così come sappiamo che, nella Bibbia, redatta servendosi della cultura ebraica, il termine "carne" (usata per dire l'indissolubile unione tra uomo e donna "in-una-sola-carne", oppure, in Giovanni, il Verbo che si è fatto "carne") vuol dire il tutt'uno dell'anima-e-corpo, cioè a dire, l'"uomo nella sua interezza".

[92] Parlando ai cristiani cattolici, facciamo notare i guai in cui si incorre quando l'anima è vista separata dal corpo. Perché, qualora il corpo dell'uomo non fosse, in sé, glorioso allo stesso modo dell'anima, sarebbe eresia pensare e dire che la Vergine assunta in Cielo è là, ma senza il suo corpo. Né, a nostro giudizio, si fa un buon servizio alla fede qualora si andasse a dire che, quanto la Vergine Maria ha vissuto, fu un privilegio rispetto a ciò che è ogni uomo, credente e non credente che sia. Stiamo dicendo, che è il concetto di "corpo glorioso" dell'essere-uomo, che bisogna

131

Si può certo dire che la deprezzata concezione della donna in San Paolo è, né più né meno, quanto, dall'inizio del mondo, pensavano tutti. Ma è bene ricordare che egli è un apostolo di Cristo, il quale, pur esaltando il Battista come il più eccellente tra i mortali, non ne ha seguito le piste della macerazione della carne, proclamando invece l'aspetto gioioso della vita. Comunque Cristo non avrebbe mai usato né il tono né le valutazioni (religiose e non) che Paolo fa nei confronti della donna! Cristo non avrebbe mai detto che la donna è più colpevole dell'uomo in quel peccato d'origine per cui (come Paolo sostiene) *nel mondo entrò la morte*. Pertanto gli accenti che l'apostolo usa (vedi la lettera ai Corinzi già citata) per difendere l'uomo-Adamo e condannare la donna-Eva, non si sa se siano lì a significare l'ardore di verità che anima il suo "spirito", o siano, piuttosto, il risentimento maschile di un "corpo" sottoposto al "pungolo della carne" di cui soffriva[93].

---

andare a innovare. E cioè, il suo essere un "eterno", come direbbe Severino. Onde non trovarsi totalmente spiazzati là dove Cristo, nei Vangeli, dopo la resurrezione, chiede ai discepoli del pesce da mangiare perché non lo ritengano un fantasma, allo stesso modo che da loro è stato ritenuto quando, dopo la resurrezione, è entrato nel Cenacolo a porte chiuse (chiedendo poi all'incredulo apostolo Tommaso di sincerarsi mettendo il suo dito nelle piaghe). A proposito del dogma di Maria Assunta in Cielo, sappiamo che in talune apparizioni la Vergine ha lasciato in terra le impronte dei suoi piedi, ovverossia il suo corporeo-umano-modo-di-essere. Si badi bene: il nostro discorso non punta affatto alla veridicità o meno di tali apparizioni, ma intende con ciò suggerire l'idea che bisogna radicalmente rivedere il concetto di "anima" e di "corpo portato avanti dalla tradizione cristiana. Concetti che bisogna avere il coraggio di buttarli fuori casa, e chiudere ermeticamente a loro in faccia sia la porta che la finestra. (Tra questi vi mettiamo: il concetto di corpo e anima in Platone, il creare dal nulla, il tempo e il divenire: tutto ciò insomma che riduce l'essente a "niente"). In definitiva, quanto diciamo ai cristiani, è che il corpo-vissuto di Cristo e della madre Maria, qualora vengano visti come privilegio divino, e non come modo dell'essere-uomo in quanto uomo, si andrebbe a vanificare l'incarnazione di Dio venuto in terra a dire, prima di tutto, l' "eterno divino" del "*corpanima*" proprio dell'essere-uomo.

[93] Il cattolico San Paolo, in risposta alle nostre osservazioni critiche,

In Occidente, nel corso dei secoli – e forse anche in San Paolo – a dare man forte ad una concezione "denigrata" del corpo vi è certamente la concezione platonica, che lo definisce "tomba dell'anima". E, con Platone, l'enorme influsso che ha avuto il neoplatonismo nella cultura e nella civiltà occidentale, con la sua visione gerarchica della realtà, composta da diversi gradi dell'Essere. Graduazione gerarchia che Sant'Agostino riassume così: «La provvidenza di Dio sottomise dapprima tutto alla creatura spirituale, l'irrazionale alla razionale, la terrena alla celeste, *la femminile al maschile*, la meno preziosa alla più preziosa, la più bisognosa alla più ricca[94]». (De genesi ad litt.

---

probabilmente si difenderebbe dicendo che, se, prima del peccato d'origine, tutte le cose create da Dio erano "buone", dopo il peccato dell'istigatrice Eva, per il genere umano, non fu più così. Tanto che, a porre rimedio allo sconquasso dell'umana natura causato da quel peccato, ha dovuto incarnarsi Dio stesso! Ma non pensi, con questo, di farci tacere. Perché, in pratica, chi, in questa vicenda, ne ha fatto maggiormente le spese è il corpo, divenuto "il corpo del peccato", mentre la mente, ritenuta incorporea, ha potuto trovare la sua più propria sede nell'anima, diventandone "compagna di immortalità". Non solo. Ma se, il peccato d'origine fu la tentata ricerca di "essere-come-Dio", un atto di superbia cioè, come solitamente si interpreta, oh quanto la mente vi ebbe più parte del corpo! E allora? Quante cose vi sarebbero da dire, se mettessimo a confronto l'innocenza della carne – il corpo che non bara mai – e le ambiguità della mente – che del mentire a se stessa ne ha fatto il suo più esercitato mestiere! Né è un caso se, nell'Occidente cristiano, i piaceri della carne vennero moralizzati a tal punto da far sì (tanto nell'elaborazione teologica dell'ascesi cristiana, quanto nell'ordinaria predicazione domenicale nelle chiese) che quei piaceri fossero quasi gli unici peccati da confessare al prete!

[94] Nell'ordinamento ecclesiastico, la graduazione gerarchica di cui parla Sant'Agostino, dice che il vescovo è più del prete, il prete, più del diacono, il diacono, più del fedele laico, e il laico, più dell'infedele profano. Da notare che, nella "sacra gerarchia di potere ecclesiastico", la donna (il femminile) non ha titoli sufficienti per esservi inclusa. Appunto perché ad entrarvi è il genere maschile e, non, la persona umana. La motivazione che la Chiesa cattolica porta per escludere le donne dall'ordine sacro vede in prima fila il fatto che tra gli Apostoli di Cristo non vi erano donne. Ma quali

VIII, 23, 44; P.L.34,390 Il corsivo è nostro). A conclusione di tutti questi discorsi si comprende perché nell'Occidente cristiano, un tempo, e in taluni casi tuttora, "corpo, donna, strega, sessualità e peccato carnale" siano intrecciati in un tutt'uno.

L'intento del libro non ci consente di dilungarci oltre a quanto abbiamo fin qui detto. Va notato, comunque, che nella Chiesa cattolica il Concilio Vaticano II ha di molto cambiato la concezione dell'atto sessuale tra i coniugi rispetto al modo in cui ne parla San Paolo. E il piacere della carne, che in lui era solo "fiamma di peccato", ora possiamo permetterci di pensarlo anche *fonte di letizia e di serenità* nella vita dei coniugi e della famiglia. E oggi, solo per fare un esempio, il sacerdote cattolico, al confessionale, è molto più guardingo nell'imporre alla sposa l'osservanza di quel "debito coniugale" che in passato imponeva anche quando lo sposo ne calpestava ogni "rispetto". (È questa, una lunga vicenda di violenza che costringeva le donne sposate a difendersi rifugiandosi nella frigidità). Tutto ciò, tuttavia, non toglie che, nella dottrina della Chiesa cattolica, resti ancora assolutamente fermo il concetto che l'amplesso sessuale tra uomo e donna è lecito solo nell'ambito del matrimonio e, ad essere cristiani fino in fondo, unicamente in modo che possa nascere un figlio.

---

sono le ragioni per cui ciò che, storicamente, non era allora possibile immaginare, hanno da valere anche al presente?! E se non ci sono, almeno ci si conceda di poter dire che una Chiesa di Dio retta dal potere sacro unicamente concesso al maschile, corre il rischio di fare da piedistallo idolatrico all'idea che, nel mondo, quale che sia l'ambito del potere-su-gli-altri, questo spetti solo al maschile! Una vicenda, d'altra parte, che, stando alla Sacre scritture, ha avuto inizio appena Adamo ed Eva hanno messo piede fuori dal Paradiso terreste. «E Dio disse alla Donna: ti sentirai attratta con ardore verso il tuo uomo, *ma è lui che ti dominerà!*». (Genesi 3, 16). Al che ci domandiamo (lo domandiamo a chi crede nella Bibbia, s'intende): la frase che abbiamo messa in corsivo, è l'eterna Parola di Dio, o è la contingente parola di un maschio che si riteneva ispirato da Dio? Una domanda con cui intendiamo solo dire che ciò che è fede, è fede, e ciò che è storia, è storia.

Quanto a noi, al termine di quanto nel paragrafo abbiamo illustrato, ribadiamo il nostro punto di vista che, detto ai cattolici, così suona: riteniamo che l'impedimento alla dilatazione del Regno di Dio in terra non stia nell'essere celibi o sposati, ma sia dato invece dalla concezione spontaneo-naturalista del matrimonio, e con ciò, della famiglia! Unitamente a questo nostro punto di vista, ne segue un altro anch'esso più volte ripetuto, e cioè, il pericolo che corre il matrimonio cristiano (e quindi la famiglia cristianamente concepita) qualora l'indissolubilità del matrimonio, anziché essere predicata unicamente come "Sacramento di fede", venga dichiarata anche un'incontrovertibile "verità di natura".

Per cui, concludiamo dicendo che sarebbe cosa storicamente conveniente se la donna, che tanto fu vista come "madre" di figli da far nascere (vedi San Paolo: "essa potrà essere salvata partorendo figli"), fosse vista anche come "sposa", quale compagna di vita. Sarebbe bene, cioè, che al "tempo della madre" succedesse il "tempo della sposa". Questo perché, la concezione spontaneo-naturalista della famiglia (ostacolo alla costruzione della città) è certamente più congenita alla casa quale regno della "madre che genera", che alla casa quale regno della "sposa che accompagna". In altre parole, sarebbe cosa triste se la doverosa e sacrosanta emancipazione della donna, finisse con l'essere la rivalsa del genere femminile sul genere maschile, anziché l'imporsi del concetto che è il personale ad essere-politico.

EPILOGO

Quando i corpi parlano

L'Epilogo è il resoconto di un fatto di cronaca. I motivi che ci hanno spinto a farne il racconto sono due. Il primo, che tante cose da noi dette nel libro le abbiamo apprese nell'assistenza ai malati mentali e ai cerebrolesi. Il secondo, perché, in una comunità di ricupero del malato mentale, ci è capitato di vivere sulla nostra pelle un comportamento di intelligenza corporea che non avremmo mai immaginato.

Coincidenza vuole che gli autori del libro si siano trovati entrambi, nello stesso giorno e nella medesima circostanza, ad essere coinvolti nell'esperienza di cui parla il titolo dato all'Epilogo. Ed è, come abbiamo detto, quanto avvenne in una Comunità istituita per il ricupero dei malati mentali. A gestirla vi è un sacerdote cattolico che ne è il fondatore, coadiuvato da molti volontari che, in quell'opera, si avvicendano oltre misura. Nel mese di settembre la Comunità festeggia il compleanno del Direttore, e al cenone sono invitati tutti gli amici della Comunità, chiamati ad esserci a diverso titolo, in quanto vi è sia chi, dentro la Comunità, ha lavorato, sia chi, dal di fuori, ne è stato soltanto un benefattore.

La follia, come ogni evenienza umana, è storia sostanziata da storie. E, non essendo un dato di natura, ogni secolo è folle a suo modo. E quindi, come vanno in follia le singole persone, possono diventare folli anche intere città, o continenti (secondo quanto sostiene, per l'Occidente, il filosofo Severino). E, dentro un beffardo destino, può accadere anche che folli diventino le stesse Istituzioni pubbliche o private che, della follia, se ne fanno carico. Una vicenda disastrata per cui, quando tali Istituzioni diventano

137

luogo di detenzione anziché essere luogo di cura, costringono l'Operatore sociale, non, ad assistere, ma a fare il carceriere.

Dunque, in Comunità a settembre si festeggia il compleanno del Direttore. La vita è un carrozzone che non sempre va dove porta il cuore. Perché, spesso, su quel carrozzone vi salgono insieme miseria e nobiltà. E può capitare che, strada facendo, la miseria diventi nobiltà. Anche se, più frequentemente, è la nobiltà a farsi miseria! Si veda infatti il racconto che stiamo per fare. In cui la nobiltà è diventata una squallida e permanente miseria. Allo stesso modo in cui miserevole è anche la storia dei molti amici della Comunità venuti al cenone del compleanno. Un numero spropositato, dato che in quella Comunità era più facile andarsene che restare.

A far parte della compagnia degli amici in festa sono stati invitati anche un Assessore regionale e un Consigliere provinciale. "Amici della Comunità", in virtù di una onorata abitudine: quella di lasciarsi tirare la giacca per elargire qualche sovvenzione in più. Sono detti "amici", ma in Comunità vi hanno messo piede soltanto nei giorni di festa.

L'orario del cenone è fissato per le ore diciannove. Heidegger sostiene che l'uomo "è" tempo. Così come Sant'Agostino dice che il tempo si trova solo dentro l'anima[95]. Mentre la maggior parte della gente ritiene che il tempo sia solo là dove "passano-il-tempo" le lancette dell'orologio. Lo stesso concetto che ne hanno i molti invitati al cenone: che sono le venti passate e ancora nessuno è arrivato. Amaro mistero perché, nel prendersi cura del malato di mente, non hanno capito che, per quanto un uomo sia "via di testa", quando ha fame, anche lui, come tutti, il tempo ce l'ha dentro lo stomaco in pena.

---

[95] E c'è anche chi, come Severino, dice che il tempo non esiste, e che è, invece, l'astuta maschera con cui si tenta di rendere evidente la padronanza dell'uomo sul divenire di ogni cosa, dominio ritenuto possibile nel ridurre la "cosa", ogni singola cosa (preziosa o di poco conto che sia: "uomo" compreso), a oscillazione tra essere e niente.

La cucina è a pian terreno, e a pian terreno c'è anche la sala d'ingresso che, data l'occasione, è diventata il salone del banchetto. Gli assistiti sono in attesa al piano di sopra, dove vi è la stanza della TV, il refettorio e la sala della ricreazione. Ma dove, anche, vi è una sola porta che mena ai piani di sotto, cioè nel salone del banchetto. Un'unica porta che è chiusa a chiave. Chiusa a chiave dal tassativo ordine del Direttore che ha proibito a loro di scendere nel salone, se prima non sono arrivati i due invitati "eccellenti": l'Assessore regionale e il Consigliere provinciale.

Il vento non sa leggere, fu scritto, e passa anche là dove sulle porte c'è scritto "vietato" entrare o uscire. Ventate di profumi invitanti e inconsueti, provenendo dalla cucina, arrivano fino nella sala di sopra dove gli ospiti sono rinchiusi, eccitando i corpi di un'ebbrezza incontenibile. L'odioso incarico di fare il guardiano fu dato a uno dei due autori, mentre l'altro è lì a dargli una mano, ma meglio sarebbe dire, a condividere la sorte di un mestiere disumano e assurdo. Come quello di chi ha la chiave in tasca, e lui, che si è offerto di prendersi cura degli esseri umani in difficoltà, invece di farli vivere "liberi", li tiene rinchiusi in gabbia come animali.

Le menti hanno appreso molto bene a ingannare se stesse, mentre i corpi non barano mai. Basta vederli agire e parlare in quella stanza di detenzione. Si spostano da un luogo ad un altro, irrequieti, accasciati, arrabbiati, delusi. Poi ritornano, sempre passando vicino alla porta a provare se, a girare la maniglia, stavolta si apre. E ti guardano. Loro sanno che tu in tasca hai la chiave. E non capiscono perché uno tenga in tasca una chiave e non apre. Una porta è fatta per entrare e uscire, non, per rimanervi rinchiusi. E rinchiusi proprio da te che, tanti giorni e tante notti, hai vissuto con loro e che, nonostante a volte ti abbiano dannato l'anima, hanno sempre in te avuto fiducia, considerandoti spesso il loro unico rifugio. Tu, a cui essi hanno insegnato a come meglio dare senso alla tua e alla loro vita. Ti guardano. Alcuni con occhi di mansueto animale implorante pietà, altri, con dentro la fiamma

139

della delusione che brucia. Nei loro sguardi non ci sono parole, eppure nulla può dire in modo così evidente quanto sia ad ognuno propria la loro differente disfatta. Chi ritiene che la persona malata di mente sia stupida, non ha che da provare a viverci insieme. Soprattutto in questo momento che, avendo constatato quanto sia inutile girare la maniglia di una porta che non si apre, ti girano intorno.

I corpi parlano. Sono "linguaggio". Linguaggio di relazione della nostra "comune umanità". Che parlino, lo prova il fatto che il responsabile con la chiave in tasca, senza avvedersene, è stato da loro condotto al centro della sala. Come risposta a un accerchiamento di fuoco che le vittime hanno saputo imporre al loro carnefice. Un accerchiamento voluto con determinazione, inscritto nei loro corpi (come direbbe la fede cristiana) da un Dio di giustizia che è anche Amore. In quella stanza, il cerchio di fuoco è la morsa di una fiamma perenne, che mai si consuma perché tenuta viva dal fatto che, quando uno di quelli che ti girano intorno abbandona la presa, c'è sempre un altro che vi subentra. Corpi desolati che ti girano intorno e patiscono in silenzio la loro disfatta, perché hanno compreso che "patire il silenzio" è la loro più convincente arma d'attacco. Sono vittime, e lo sanno. Lo sanno soprattutto i loro corpi che ti pesano, ti giudicano e ti condannano.

Ti condannano perché sai della loro innocenza, perché, altrimenti, il tuo corpo non sarebbe lì in mezzo alla stanza ripiegato su se stesso, a guardare nel vuoto per non incontrare il dolore delle proprie vittime, ed esserne travolto. Sei lì, come animale intrappolato in un angolo buio che non ha vie d'uscita. Se così non fosse non avresti in corpo tanta bile rabbiosa, il fiele amaro della tua impotenza e della tua viltà, tu che hai in tasca la chiave e non apri. In quel momento, non aspettarti da nessuno di loro comprensione o pietà. La follia vive nel tutto "qui e ora". E la sua inimicizia è talmente frontale che non conosce limiti. L'unica tua speranza è la certezza che, una volta scampato il pericolo, cessa anche il dolore dell'offesa, perché, nel bisogno d'aiuto, difficilmente nel malato di mente alligna la vendetta o il rancore. Non solo. Ma se ti è capitato di amarli sinceramente, sai che in loro è solo quell'amore ciò che resta! Una convinzione però che poco serve ad alleviare la pena tua e loro. Sguardi desolati, traditi, di chi non sa che anche tu, come loro, vivi incastrato perché è l'Istituzione che ti ha costretto a tanto! (E soprattutto non sanno che anche la stessa Istituzione che così li maltratta vive incastrata da una società che non cura la propria follia).

Al lettore forse poco interesserà sapere della piccola Elide che vive fin dalla prima infanzia immurata in un corpo che ha l'anima "assente". Passa le sue giornate davanti alla TV che guarda con occhi sbarrati, ma troppo fissi per poter dire che ci sono immagini al mondo che sta guardando. In quegli occhi non penetra niente. Eppure quella sera anche lei va di tanto in tanto a girare la maledetta maniglia. Poi ritorna a sedere nella stanza della TV, totalmente chiusa in sé, senza girare la testa (come invece fanno gli altri) verso il guardiano fermo in mezzo alla sala. Oh, se i corpi parlano! Non solo parlano, ma anche urlano, sia di gioia che di dolore. Urlo di dolore è, infatti, il corpo di Elide che si comporta come il paramecio nell'acqua, che a dirigerlo non c'è alcun luogo da raggiungere, ma solo l'ostacolo che incontra. Per cui, non avendo alcuna capacità o facoltà di scavalcarlo, fa marcia indietro e cammina fino a che trova un altro ostacolo. Una vita in cui esiste solo lo spazio di muri invalicabili. Elide andava alla porta, una porta che non si apriva, una porta che per lei era pura interdizione, immotivata interdizione, che viveva, non sapendo, come gli altri sapevano, di una chiave che avrebbe potuto aprirla. Nessun grido di dolore è più risonante dell'offesa patita dal suo corpo innocente e muto. Tanto era implorante la sua richiesta di giustizia che il suo carceriere si mise a piangere.

Sono le venti e trenta, e ancora nessuno degli invitati si è fatto vedere. Neppure coloro che per mesi sono stati in Comunità come volontari o dipendenti. Inutile dire quanto fosse insopportabile, dopo un'ora e mezzo d'attesa, la situazione per i rinchiusi dentro la stanza chiusa a chiave. Quando l'aspettare non ha un termine

141

fisso, diventa un tempo infinito. E, nel nostro caso, un infinito tormento. Cioè l'Inferno. E allora, perché non tirare fuori di tasca la chiave e aprire, quale che fosse il diluvio a seguire?!

Non è facile rispondere. Prima di tutto perché, dato il temperamento del Direttore, al vederli precipitare a basso li avrebbe senz'altro ributtati a risalire. Un gesto che avrebbe rimarcato ancora di più il dolore della loro impotente e imprigionata esistenza[96]. Ma anche per un altro motivo. San Benedetto diceva ai suoi monaci "Serba ordinem et ordo serbabit te". Per cui, se è vero che le regole di una Istituzione psichiatrica rischiano di alienare la Persona facendone un "istituzionalizzato", è anche vero che l'Istituzione, senza quelle regole, non potrebbe salvaguardare sé, né proteggere il malato mentale che si è preso in cura. I "rinchiusi", infatti, qualora fossero scesi nel salone del banchetto contro l'autorizzazione del Direttore, sarebbero diventati *massa dispersa*, incapace di far fronte all'urto cui andavano incontro. Mentre, restando sotto la regola, anche se tragicamente beffarda, continuavano ad essere una *massa compatta* protetta da una riconosciuta identità: l'appartenenza a un Istituto, per cui potevano, almeno, essere detti dalla gente "quelli dell'Istituto".

Forse si potrebbe obiettare ai due dannati carcerieri (gli autori del libro) che, in simili situazioni, le regole hanno anche eccezioni. Certo, ma c'è da dire che anche le eccezioni diventano controproducenti quando, come nel nostro caso, a precipitare in follia non sono i singoli, ma l'Istituzione che li ha presi in cura.

E che dire di quegli amici che non arrivano mai?! L'umana dignità vuole che, a chi dice di amarci e non è puntuale agli incontri stabiliti, lo si mandi a finire in un cesso. Da un amico

---

[96] Il Direttore non è un uomo cattivo, ma tanto inquieto e di umore così alterno, da non sapere mai come fare a prenderlo. Niente bastava perché splendesse il sole o piovesse a dirotto. A parte ciò, si prodigava giorno e notte a tenere in piedi la Comunità che aveva fondato.

pretendiamo di essere il suo tempo, o almeno una parte della sua vita, non, uno scampolo delle sue convenienze!

Finalmente c'è chi suona alla porta che non deve essere aperta. È uno degli invitati che un tempo in Comunità faceva assistenza. E, dopo di lui, altri. Per accogliere i quali la porta viene aperta. Quanta pronta destrezza ci vuole ad aprire una porta che deve restare chiusa! Da notare che i primi ad arrivare sono quelli i quali, durante il periodo passato in Comunità, non erano lì a fare i "guardiani", ma "stavano" con gli ospiti. (Una madre, ad esempio, nello scegliere la babysitter per i suoi figli, sa molto bene la differenza che vi è tra quella che è lì soltanto a "tenere" i ragazzi, e quella che invece sa "stare" con loro).

L'incontro a una festa tra gli "amici" di un tempo è detto "rimpatriata", è cioè là dove il cuore ritrova la propria "patria". E questo avrebbe dovuto essere anche nel nostro caso: almeno questo! In quella stanza invece, chiusa a chiave, agli amici che vi entravano succedeva quel che succede ai marinai di una nave quando, andati in soccorso ad un'altra, trovano che a bordo c'è la peste. Saluti e parole d'intesa restano in gola, non detti, spezzati. Non c'è assistito che voglia parlare. Un silenzio penetrato dentro i muri. Morto anche ogni scampolo di nostalgia nell'animo dei nuovi arrivati i quali, melanconicamente, si aggirano di angolo in angolo in cerca di quanto può essere rimasto dei tentativi fatti per animare l'inerzia di ciò che mai è stato animato.

In un cassetto ci sono le fotografie di un'esposizione che, chi era fotografo, mai ha potuto esporre. In un altro, i disegni che, chi era pittore, mai ha fatto vedere. Assieme alle poesie che, chi era poeta, mai ha recitato. In una cassa, ammonticchiati alla rinfusa, racconti e grammatiche di un italiano che non è stato appreso. Nell'armadio, le maschere da usare in teatro, nere di muffa, irriconoscibili perché, dopo quell'unica recita, nessuno più le ha viste. A far loro compagnia, l'abbozzo di un giornalino fatto con gli assistiti, i loro disegni e le loro poesie, che nessun lettore ha mai potuto leggere[97].

143

Un rosario di pena, noto solo alle mani che lo hanno recitato. C'è da soffrire a dirlo, ma in quella Comunità, data la mentalità e il carattere del suo direttore, ogni iniziativa moriva ancor prima di nascere. Perché nel suo inconscio, se le persone da lui ospitate fossero diventate un poco più adulte, più non avrebbero potuto essere, come era solito ripetere, "le sue creature".

Finalmente il prolungato suono del campanello al portone d'ingresso annuncia che "i due" sono arrivati. L'orologio in sala segna le ventuno e un quarto. La porta dei rinchiusi si apre e precipita di sotto una fiumana disuguale e strascicata. Salvo la piccola Elide, che a scendere le scale, deve essere accompagnata.

Dolore e rabbia: come per incanto tutto è scomparso. La follia è cesura: relazione senza storia. E infatti, quando il fardello della vita diventa insopportabile, meglio fare della vita "una storia senza storie". Questo è quanto suggerisce la mente prima di andarsene dio sa dove. Ma il corpo è nato "radicato a corpo", e il corpo dell'uomo è di sua natura "relazione che resta *necessariamente* relazionata". Il motivo per cui, non potendo sottrarsi al modo costitutivo del suo essere, non s'annienta, ma "conduce la vita" girovagando, tra sé e sé, nei labirinti della mente caduta in follia.

Siamo seduti a tavola e già oltre la prima e seconda portata. A tavola s'ingoia tutto quel che c'è e fin che ce n'è. Solo a "tabula rasa" s'incomincia a parlare. A meno che non intervenga l'impulso di un immediato bisogno. Il malato di mente, ricoverato in un qualche Istituto, ha nella sigaretta che va in fumo l'unico potere che gli è rimasto. E come c'è chi vive di "caccia al sesso", lui vive di "caccia alla cicca". Quella sera l'ordine tassativo del Direttore è che si può fumare solo a patto di uscire in giardino.

---

[97] Per una mirabile coincidenza ci è stato possibile salvare dalla distruzione una quindicina di poesie scritte da Giammarco e una quarantina di pensieri scritti da Lara. I nomi dati sono una nostra invenzione. Mentre di vero è che entrambi sono morti giovani: Giammarco buttandosi dalla finestra dell'ultimo piano, e Lara, di overdose. Il titolo dell'opuscolo pubblicato è: *E quanti l'amore alla vita li fa disperati.*

144

Sulla tavola da mangiare non c'è più nulla. Uno esce, e nello stesso istante escono tutti. Non c'è stato sguardo o parola, niente che sappia d'intesa. Eppure nello stesso istante escono tutti. Forse è l'obbligato comportamento di una lunga abitudine, simile alla legge del branco che ha nel "calore" il consenso e l'imitazione immediata. Se per caso, al sorgere dell'immediato bisogno, vi trovaste a parlare con uno di loro della madre in pericolo sull'orlo di un pozzo, state pur certi che, quanto a lui, può precipitarvi, perché il fatto non lo riguarda.

Tutti sanno che in quel giorno di festa a finire la cena viene il dolce. E, anche in questo caso, un altro colpo di magia. L'entrare in sala del dolce e il rientrare degli ospiti dal giardino è così sincronico che l'armonia prestabilita di Leibniz, al confronto, impallidisce.

Ingoiato il dolce, si va agli ultimi piani, a dormire. Nessuno saluta nessuno e, se saluta, è solo perché da qualcuno è stato salutato. Se ne vanno. E quello non è né l'assentarsi di un gruppo, né il procedere in fila uno dietro all'altro come nei film alla TV fanno gli Indiani. Il loro andare è maniacalmente individuale. Se ne vanno tutti nello stesso istante e nella stessa direzione, ma ognuno per conto proprio. Non ci sono mani tese a procedere in corteo, né tracce umane dietro cui andare. Ognuno se ne va chiuso in se stesso, separato dalla solitudine che è l'anima del proprio andare. E sempre la piccola Elide che, per essere del gruppo, ha bisogno di chi l'accompagna.

Una volta saliti di sopra, prima di andare a dormire, ci sono le medicine da prendere. E quella sera tutto è più facile. Sarebbe insensato pensare che in un Istituto psichiatrico la festa non sia una benedizione. Non però se avviene nel modo che abbiamo raccontato!

APPENDICE PRIMA

Una inquietante e illuminante disgrazia

In questi giorni, a proposito dell'identificazione tra celibato e santità, la Chiesa cattolica sta raccogliendo, nella questione dei preti pedofili, uno tra i tanti tristi frutti di quella predicazione. A tutti è noto che taluni prelati, posti gerarchicamente in posizione di comando, hanno taciuto quanto, secondo verità e giustizia, andava detto e denunciato. Per cui, se è di somma importanza rivendicare la giustizia dovuta alle vittime, altrettanto di somma importanza è la domanda che riguarda il *perché* di quell'ingiustificato silenzio.

Come si sa, la gerarchia cattolica, ha predicato per secoli che per l'uomo vi è possibilità di salvezza solo se vive raccolto sotto il sacro manto della propria immacolata esistenza: *extra Ecclesia nulla salus*! Sì è però che l'eccesso di una così esclusiva pretesa ha finito con il ridurre "fede e salvezza" alla semplice *appartenenza istituzionale* (i sacramenti che salvano "*ex operae operato*", come si diceva un tempo. Il che spiega, ad esempio, il sacramento della Estrema Unzione dato al corpo dei cadaveri. Che, a ben guardare, è, né più né meno, la salvezza puramente istituzionale conferita da una fede che oggi è detta "fede anagrafica").

L'appendice intende dire che la gerarchia cattolica, invece di soffermarsi a chiedersi il perché di un tale triste fatto (la pedofilia di alcuni preti), è corsa soprattutto a intensificare i riti penitenziali e a stracciarsi le vesti dal dolore. (Vi è stato perfino il pellegrinaggio a Fatima, dove la Madre di Dio ha "particolarmente" pianto le storture dei preti e del mondo). Sappiamo (perché così fu autorevolmente detto) che il motivo

147

addotto da parte della gerarchia cattolica a conoscenza dei fatti, è stato che si voleva proteggere con quel silenzio l'immacolato volto della Chiesa, evitando così lo scandalo ai fedeli che nella santità della Chiesa trovano le ragioni più valide per la loro eterna salvezza.

Riteniamo che l'imbarcarsi in una tale motivazione non conduca a un porto sicuro, ma a sbattere contro gli scogli. Perché, dato (e non concesso) che sia la vita esemplare del clero a offrire ai fedeli la migliore garanzia nella ricerca di eterna salvezza, resta che quel silenzio, imposto dal non voler perdere la faccia, anziché andare a salvaguardare la fede nell'animo dei fedeli, la va a compromettere e, alla fine, a distruggere. La compromette perché inculca l'idea che sia l'Istituzione Chiesa il principale "oggetto" della fede-che-salva (da cui segue che, per salvarsi, basta la fede anagrafica); e la distrugge perché l'omertà di quell'ingiusto e mafioso silenzio, dice l'abitudine all'apparire, anziché all'essere. Un'abitudine che educa i fedeli a fare altrettanto. Ma è stoltezza tutta gerarchica quella che ritiene di proteggere la fede nei credenti mettendo la propria e la loro testa sotto la sabbia a non vedere in faccia la realtà quale che sia. Intendiamo dire che, alla fine, il giocare in difesa, rende "indifesi", sì che, vivere protetti nell'occulto anziché addestrarsi a combattere in campo aperto, all'attacco, fa perdere la partita. Si va cioè a rendere vana la fede in terra, perché, già tanto, è solo in cielo che l'uomo trova la vera vita! E, invece, non c'è modo più annientante per l'uomo e la sua fede (quale che sia) che l'alienarlo dalla vita *con* la terra (l'universo) di cui è fatto!

Intendiamo dire che, per la Chiesa cattolica, vi sono lembi del sacro velo che, a nostro avviso, andrebbero strappati, onde non tenere nell'occulto tratti di verità che riguardano tanto la fede che l'uomo. Abbiamo già detto quanto, nella tradizione cattolica, sia stata pervasiva la convinzione e la predicazione dell'identità tra celibato e santità. Ebbene, è la sacralità di un tale velo che, nella vicenda dei preti pedofili, andava strappata! Volendo evitare un tale strappo, le tante "lacrimate strida" di rammarico e la predicazione penitenziale della gerarchia cattolica, sono finite a colpire solo la colpa di alcuni rei, sessualmente perversi. Mentre (questa è la nostra opinabile convinzione) la gerarchia cattolica avrebbe dovuto soffermarsi a riflettere sulla "perversa" omertà del proprio ingiusto silenzio, tanto dannoso all'autentica fede, sia propria che di tutti i fedeli.

E invece ogni discorso è finito a parlare della sessualità di alcuni perversi malvagi. Puniti i quali, tanto il problema, come il contesto in cui è sorto, tutto è risolto. Si veda a conferma di un tale modo di combinare le cose, quanto è successo al delitto di Cogne. Dove l'accanimento mediatico su televisioni e giornali cercò per anni di sapere se la madre avesse o no "colpa". E andando a verificare la colpa, non ci si è chiesti se, e quanto, e perché, le madri oggi siano socialmente *indotte* ad andare in follia. La risposta è semplice: vivendo come insopportabile il pensiero "maternità e follia" (insopportabile soprattutto al maschile rifugiato in seno al materno), lo si è andato a risolvere andando alla caccia del colpevole che, messo in prigione, tutto ritorna nell'ordine prestabilito (governabile, appunto, perché "prestabilito"). E consente, soprattutto al maschile, di non temere per la possibilità che anche le madri (la madre Chiesa compresa) cadano in follia!

APPENDICE SECONDA

Suggerimenti di didattica politica

Il concetto di autoformazione politica

Per comprendere appieno l'Appendice è assolutamente necessario sapere ciò che abbiamo detto della formazione politica del cittadino nel libro *Costruire la Città* (da cui l'Appendice è tratta). Dove, anziché parlare di "formazione", parliamo di "autoformazione", un termine che intende sottolineare come non vi possa essere nel cittadino una formazione politica, se non è lui a scoprire in sé ciò che egli ontologicamente è: il fondamento cioè su cui è costituita la Città (Pólis), quale "pluralità", "comunità" "mondo". Concetti che il termine "cittadino", qualora venisse preso nella sua singolarità, non dice, perché, come al mondo non esiste l'uomo, ma gli uomini, così, nel concreto, non esiste il cittadino ma i concittadini, che nella loro "pluralità" (comunità, mondo) dicono che ogni cittadino è-Città, è-Stato.

Come si ricorderà, nel Prologo abbiamo accennato all'Impresa civica, esemplificandola nel comportamento di un gruppo di anziani e nell'associarsi "a rete" di alcune famiglie con figli portatori di handicap. E quanto abbiamo detto in quegli esempi, vale anche in questa Appendice, che parla della Circoscrizione cittadina come realizzazione d'"Impresa civica". Facciamo notare che l'autoformazione politica di cui parliamo è di tutt'altra natura rispetto all'Educazione civica che si insegna nelle scuole. Perché, mentre in questa vi sono nozioni da

151

apprendere e regole da rispettare, nella realizzazione di "impresa civica" è assolutamente necessario l'*agire in comune* (quale è appunto l'agire politico), al "termine" del quale il cittadino comprende di essere-città. Concezione ontologica che verrebbe meno qualora l'*essere* fosse ridotto ad *avere*, dato che è dell'abitante l'avere-città, mentre, del cittadino è invece l'essere-città. In altre parole potremmo dire che sono i sudditi ad avere-città, non, il cittadino, il cui concetto è sorto in un tutt'uno con quello di autogoverno: la città che "è-dei-cittadini", cioè in mano al loro potere (e per cui diciamo che il cittadino in una Repubblica democratica è la *fonte* del potere). Quindi, l'agire politico di cui parliamo, viene totalmente stravolto quando in una Città, o in uno Stato, quell'agire si riduce ad essere unicamente "amministrativo", oppure quando l'agire politico, anziché essere "azione comune" tra rappresentanti e rappresentati, è puro "indottrinamento istituzionale" di Educazione civica promossa dagli uomini del Palazzo[98].

Dunque, nell'autoformazione il cittadino scopre di essere ontologicamente Pólis. Per questo abbiamo detto che l'affermazione *civis romanus sum*, nella sua pregnanza politica, andrebbe tradotta "io-sono-Roma". (E per noi: "io-sono-Italia", lo Stato, cioè, con tutti i diritti e doveri personali e comuni che ciò comporta[99]).

---

[98] La differenza tra "azione politica e "indottrinamento istituzionale" può essere detta così: nel primo caso, vi è la messa in comune di un'azione (che noi chiamiamo "impresa civica") dei cittadini e i loro rappresentanti, il che avviene quando la proposta fatta dal *Comune* va ai cittadini, e da lì al Comune ritorna, in una virtuosa circolarità operativo-costruttiva. Differentemente da quanto invece avviene nell'indottrinamento istituzionale, dove la proposta va dal *Palazzo* ai cittadini, e al Palazzo non torna mai.

[99] Non vi è nulla di *statolatrico* in quel che diciamo, perché solo dio sa quanto debba "essere-personale" e "permanente" lo sforzo e il cammino che conduce il cittadino all'altezza ontologica dell'essere-città.

A mo' di corollario, a dire che cosa intendiamo per "autoformazione", può servire la differenza che vi è tra l'Ulisse di Omero e l'Ulisse di Dante. Dove, mentre in Omero Ulisse va in giro per il mondo a *fare* esperienza, in Dante, invece, Ulisse "mettendo *sé* per l'alto mare", fa di se stesso, *essere*-esperienza. Ed è evidente che, in riferimento all'essere-cittadino (o, meglio, al conessere-del-cittadino), non si può parlare di "autoformazione" se egli, nell'andare a "costruire la città", non opera innanzitutto la costruzione di sé come "concittadino".

Il Sistema Città

Stando al nostro modo di pensare ontologicamente la Città (l'essere-città), possiamo dire che il sistema-città si può configurare, all'incirca, come un sistema composto da cinque componenti strutturali: Etica, Cultura, Politica, Economia, Diritto. Dimensioni che sono "strutturali" appunto perché, se una di esse vien meno, vien meno l'intera struttura. (Si badi bene che il venir meno di cui parliamo è "funzionale", per cui il disgregarsi in un "sé individuale" dei singoli elementi può avvenire tanto per *alienazione* dagli altri, come per *sopraffazione* su di essi). È comunque certo che, in ogni sistema, se i singoli elementi che lo compongono non restano relazionati tra loro in un rapporto che li veda al contempo "chiusi a sé" (autonomi) e "aperti agli altri" (liberi), il sistema si dissolve, o si erige a piramide dove (come è dell'elemento "economia" oggi) un elemento diventa il leone che si mangia tutti gli altri[100].

---

[100] La configurazione di Stato (o della realtà socio-politica) come sistema costituito dalle cinque dimensioni non è farina del nostro sacco. Lo abbiamo appreso dalla concezione che ha dell'agire politico Ernesto Baroni, il quale a sua volta l'ha appresa dal maestro e amico Felice Balbo. Va detto, tuttavia, che Baroni apportò al sistema di Balbo novità nei contenuti e, soprattutto, novità nei processi riguardanti la composizione organizzativa

Abbiamo dunque parlato della Città come di una mappa a cinque dimensioni. Dal momento che, in città, quelle dimensioni sono ogni giorno "concretamente all'opera", tanto nelle Istituzione pubbliche come in quelle private. Potremmo infatti dire (senza, s'intende, assolutizzarne il concetto), che esse hanno sede, ad esempio, nella cultura religiosa delle Chiese, per ciò che riguarda l'Etica; nelle Scuole, per ciò che riguarda la Cultura in genere; nei Comuni, per la Politica; nelle Aziende, per l'Economia; e nei Tribunali, per il Diritto. Nulla toglie (poiché nulla sostanzialmente cambia) che attorno a queste "stelle" di prima grandezza si possano aggregare, stando dentro il raggio della loro luce, altre fulgide stelle: le Associazioni, il Volontariato, il Gioco, lo Spettacolo, la Sanità, la Famiglia e quant'altro di civicamente e umanamente in una Città (Stato) è "proprio-e-comune".

Ma le cinque dimensioni non solo "disegnano" la mappa della città, esse "disegnano" anche la mappa delle Giunte comunali. I vari Assessorati, infatti, non fanno che riassumere (grosso modo) l'articolazione della vita civico-operativa della Città. Che poi le Giunte comunali, da "strutturalmente congiunte" come dovrebbero essere, finiscano invece con l'essere un aggregato di scelte disgiunte, questo è un altro paio di maniche. Secondo noi ciò dipende dal fatto che, avendo della Politica una concezione puramente amministrativa, ogni assessore si ritiene in dovere di incrementare la parte assegnatagli, senza fare squadra (politica) con gli altri. Per cui, spesso accade in una Giunta che la mano sinistra non sa quello che fa la mano destra, quando, addirittura, non gli si mette contro. È facile da intuire che, se diviso è il concetto di città che hanno i rappresentanti dei cittadini, diviso è

---

del sistema. Per cui il nostro merito (la nostra pallida innovazione rispetto a Balbo e a Baroni) è l'aver messo per iscritto quella che fu la nostra personale esperienza nell'andare a realizzare due imprese civiche. Dove abbiamo constatato di quanta facilità e utilità sia (dal punto di vista didattico) l'applicare alla mappa città (e alle Giunte comunali) il sistema Balbo-Baroni per chi s'accinge a mettere in essere un'impresa civica.

anche quello dei cittadini che, in questo, vengono educati proprio dall'agire puramente amministrativo degli uomini a Palazzo, Maggioranza o Minoranza che siano.

Pertanto, la conclusione che dobbiamo trarre, è che non si può ragionevolmente pensare che si possa pervenire alla formazione politica del cittadino (e quindi alla "costruzione della città"), qualora egli viva quelle cinque dimensioni in modo diviso, e cioè come entità a sé stanti. Perché quando questo accade, la *Pólis* (il concetto di città), nella mente del cittadino degrada ad essere semplicemente il Territorio, il "fondo", cioè, a cui attinge la vita solo in qualità di "abitante" o, come oggi si è soliti dire, in qualità di "utente-cliente"[101].

Le Circoscrizioni cittadine

A dire che cosa sono le Circoscrizioni cittadine non ci vuole molto. Basta stare alle motivazioni politiche per cui furono istituite. Abbiamo usato il termine "politiche" perché i cittadini

---

[101] Si badi bene: in quel che diciamo, non vi è l'assurda pretesa di un ritorno all'autogoverno dei greci, anche se l'autogestione di Imprese e Servizi è ancora possibile. Ciò che lamentiamo è che, nella vita del cittadino, è venuta meno l'ontologia del concetto politico sia dell'essere-Città come dell'essere-Stato. Se i greci non avessero avuto di sé la pregnanza ontologica di cui stiamo parlando, difficilmente si potrebbe capire come essi, tanto inferiori per numero, abbiano saputo contrastare le innumerevoli armate dei mercenari persiani. Si veda con quanta modernità il medico Ippocrate, cittadino ateniese, alla fine del V secolo avanti Cristo, parla delle istituzioni politiche in mano al potere dei cittadini rispetto a quelle dei sudditi sotto il dominio dei despoti. «Laddove gli uomini non sono signori di se stessi e delle proprie leggi, ma soggetti a despoti, non pensano già come addestrarsi alla guerra, bensì a come sembrare inetti a combattere». La conclusione è che, per il medico Ippocrate, la democrazia, oltre a temprare il carattere, produce anche la salute, mentre il dispotismo genera soltanto la sudditanza di "deboli creature".

eletti nelle Circoscrizioni sono scelti mediante un voto che dice il potere di governo che ha il cittadino in quanto è-Pólis. Potere di governo che, per chi ha scelto di essere rappresentante dei cittadini, fa della sua scelta un dovere di politica responsabilità.

Parlando delle Circoscrizione a partire dal punto di vista della Politica, ciò che va subito detto è quanto più volte abbiamo già sostenuto, e cioè che, qualora in un Comune (e ancor più in uno Stato), vigesse la sostituzione dell'essere sociale all'essere della Politica", non di agire politico si tratta, ma di agire puramente amministrativo. Ed è evidente che, qualora un tale modo di concepire la Politica fosse la ragion d'essere degli uomini politici nel Palazzo comunale, le Circoscrizioni altro non potranno risultare che la cassa di risonanza di una decentrata istituzione della Politica ridotta ad Amministrazione.

In altre parole, quando l'essere della politica diventa l'amministrazione della grande famiglia sociale, la conseguenza è che, tanto lo Stato che il Cittadino, si ritengono esonerati dal compito di essere e di agire *politicamente*. Scompare cioè l'essere e il maturare insieme proprio dell'azione che viene denominata "politica". Maturazione politica che, appunto, non può esserci in quanto viene a mancare il circolo virtuoso instaurato dalla reciprocità dell'azione, in cui il cittadino fonda lo Stato e lo Stato fonda il Cittadino. E al venir meno di una tale "politica reciprocità", sia il Cittadino che lo Stato finiscono con il perdere la loro specifica essenza, di modo che, tanto la Città come lo Stato, diventano, sia per i rappresentanti che per i rappresentati, il "fondo" a cui attingere unicamente quanto "per legge" è stato amministrativamente istituito a uso e consumo del cittadino-cliente. Risultato che rende impossibile "la costruzione della città".

Costruire l'Impresa: prospettive, analisi, strumenti

Ogni realizzazione d'impresa è costituita dalle *prospettive* che s'intendono raggiungere, dall'*analisi* della realtà che si intende "trasformare", e dagli *strumenti* che permettono di pervenire (partendo dalla realtà analizzata nel presente) alla realtà prospettata nel futuro.

Vi è quindi, parlando d'impresa, la necessità di distinguere tra ideazione e realizzazione, e cioè: il progetto e l'esecuzione. Le prospettive appartengono all'*ideazione progettuale* dell'impresa. E sono dotate di una duplice valenza, dicono cioè sia la realtà attesa, che l'angolo prospettico da cui si parte per andare a leggere la realtà da "trasformare", che è quanto dire: reperire nella realtà presente le possibilità della realtà futura. Se queste sono le caratteristiche di cui godono le prospettive, quanto agli strumenti, si richiede che siano "adeguati" a che si passi dalla realtà analizzata a quella prospettata. Di modo che, se le prospettive guidano gli strumenti, gli strumenti confermano le prospettive.

Se applichiamo alle Circoscrizioni i tre elementi necessari a realizzare l'impresa, il quadro che ne risulta è il seguente. La *prospettiva* è determinata dalla Circoscrizione intesa come Istituzione politica (e non, come la mano allungata di un potere comunale puramente amministrativo). L'*analisi*, invece, è volta soprattutto a rendere evidente quanto della realtà presente s'intende "cambiare". Evidenziando, prima di tutto, le storture sociopolitiche che derivano dall'aver sostituito il Sociale al Politico, facendo dello Stato un Mercato, e dei Comuni solo degli erogatori di Servizi, e costringendo così le Circoscrizioni a scimmiottare l'agire puramente amministrativo dei Comuni. Quanto poi allo *strumento*, quello che noi suggeriamo è racchiuso in ciò che abbiamo detto del sistema città e le sue cinque

157

dimensioni, ovverosia: l'esercizio necessario di autoformazione a che nella mente (e nel comportamento civico del cittadino) si instauri l'ontologico concetto del suo essere-città, Pólis[102].

Se il nichilismo rinunciatario facesse dire a qualcuno al Potere che quanto prospettiamo è talmente ideale da essere "aria fritta", rispondiamo che, in base alla nostra esperienza, a friggere l'aria non siamo noi, ma l'immobilità della volontà di Potenza che, di fronte a quanto cambia al di fuori del proprio dominio, si trova ridotto a impotenza.

Richiamiamo a questo punto il discorso che abbiamo fatto parlando della Famiglia, ovverossia sul rapporto che ha da esservi tra sistema e sottosistemi che, nel nostro caso, sono il Comune-Città e le sue Circoscrizioni. Come si ricorderà, riferendoci alla teoria di Luhmann, abbiamo con lui sostenuto che, qualora l'intero sistema non conceda un proprio gioco d'azione alle singole parti, si cristallizza. Per cui gli può capitare quanto capita ad ogni cristallo: che colpito al punto giusto salta in frantumi. Quindi, né il Comune ha da erigersi ad asso pigliatutto, né le Circoscrizioni, a repubbliche indipendenti.

---

[102] Nel testo, parlando della Città, abbiamo nominato la Pólis: il miracolo civile accaduto nella terra dei Greci sei secoli prima di Cristo. Lo abbiamo fatto perché due sono i concetti che la caratterizzano, stretti tra loro da implicazione reciproca: il bene pubblico e l'autogoverno dei cittadini. Anzi, possiamo dire che questi sono venuti al mondo insieme. Infatti, il concetto di bene pubblico nasce quando il governo della casa (oikonomia) viene concepito come bene privato, distinto pertanto dal governo pubblico dell'intera città. Ma, d'altra parte, il governo non può dirsi "pubblico" se non è in mano ai cittadini, se non è cioè "autogoverno". Con questo non s'intende dire che al mondo "tutto è solo Politica" (quasi a voler "politicizzare la vita"), s'intende soltanto richiamare il concetto politico della Politica: il concetto per cui il cittadino è, per sua specifica natura, la Pólis, e questa è, per lo stesso motivo, il suo essere-concittadino. (Intendendo con ciò riaffermare che a fondamento della Politica ha da esserci l'Ontologia).

I destinatari d'Impresa

I destinatari dell'Impresa civica "Circoscrizione" sono i concittadini che vivono in essa. Abbiamo già detto che l'essere-della-politica, e il conseguente potere dell'agire politico, non vanno ridotti ad agire amministrativo. E abbiamo anche detto che un'azione, o una Istituzione, può essere chiamata "politica" solo se compiuta o costituita dal lavoro integrato tra i cittadini rappresentati e i loro rappresentanti. Che è quanto dire che l'azione politica è al contempo personale e comune. Per cui, parlare di potere politico là dove questo viene messo in opera unicamente come potere amministrativo, è abuso di potere pubblico e offesa fatta alla "sovranità personale" del cittadino che, in qualità di semplice "amministrato", viene ridotto ad essere unicamente l'*abitante-suddito*. Di modo che egli, che è la fonte del potere politico, si trova ad essere la discarica dei rifiuti.

Se destinatari dell'impresa civica "Circoscrizione" sono tutti i cittadini che ad essa appartengono, i discorsi che qui vengono fatti si restringono, volutamente, solo a quei cittadini che si sono proposti di far parte del Consiglio di Circoscrizione. Una scelta che, data la brevità riservata a una semplice Appendice, ci è sembrata una strada più facilmente percorribile[103]. Si badi bene che parliamo di loro indipendentemente dall'essere Maggioranza o Minoranza, in quanto un Consiglio di Circoscrizione (come per il Consiglio Comunale) rappresenta la totalità dei cittadini, sia quelli che hanno perso le Elezioni, come quelli che le hanno vinte.

---

[103] I destinatari, dunque, di cui parliamo sono stati da noi scelti per pura esigenza illustrativo-didattica, ed anche perché tali cittadini, nel mettersi elettoralmente in lista, hanno di loro determinata volontà assunto il compito politico di "costruire la Circoscrizione".

Infatti, l'essere-Pólis, dice l'integrità dell'essere, dice cioè l'intero, e quindi quell'integrità di potere che ogni cittadino "è", in quanto "fondato-fondatore" della Città o Repubblica che sia. Per cui, come l'essere-totalmente-umano è proprietà inalienabile di ogni essere umano, così non ci possono essere in una città alcuni che, perché hanno vinto le Elezioni, sono più cittadini di quelli che le hanno perse. È l'antropologia che distingue i vincitori dai vinti, non, l'ontologia, per la quale ogni uomo è integralmente "uomo-cittadino " alla pari di ogni altro. (Che poi i Palazzi comunali o le stanze della Circoscrizione siano considerati in pratica "proprietà" di chi ha vinto le elezioni, questa è *corruzione* della Politica, non, la sua *verità*).

L'azione politica

Come abbiamo detto, l'azione politica è caratterizzata dall'agire in comune sia dei rappresentanti tra di loro, sia con i cittadini da loro rappresentati. Come prima cosa, va tenuto presente ciò che è "proprio" dell'agire in comune. E cioè, che esso non è la *somma* di tanti pareri "individuali", bensì la *relazione* tra tanti pareri "personali". Ciò significa che l'azione comune è tale solo se parte fin da principio come "comune". In altre parole: nella testa di chi agisce in comune, vi deve essere, fin dall'inizio dell'azione, l'idea, il sentimento, il comportamento di un "noi" che congiuntamente agisce. Se parliamo di agire "personale" (e al contempo "comune") è perché, qualora all'agire personale si sostituisca l'agire individuale, non abbiamo più la *Comunità politica* (quale "strutturato sistema" di punti di vista differenti tra loro liberamente comunicanti), ma il *Collettivo*, in cui il parere del singolo ha da essere il medesimo parere di tutti, onde avere tutti la medesima idea: "ideologia" appunto[104].

---

[104] Per lo più l'ideologia (quale idea uguale in tutti) è vissuta come "l'unione che fa la forza". In realtà, l'unione dei vari punti di vista in un

Pertanto sarebbe la morte politica della Circoscrizione, se i rappresentanti del suo Consiglio appiattissero il proprio punto di vista in una "uniformità ideologica". Ciò che invece vi ha da essere, è la deliberata volontà di sottoporre il proprio parere al confronto con quello di tutti gli altri componenti, onde pervenire a una scelta e decisione comune. L'agire democraticamente in comune, pertanto, non significa né il rinunciatario adeguarsi al parere altrui, né il precostituito rifiutarsi di confrontarsi con il parere altrui. Per cui, agire democraticamente in comune, vuol dire "concorrere" liberamente e sinceramente a che prevalga *storicamente* l'argomento migliore che va stabilire il bene conveniente a tutti: il "bene comune" cioè. La democrazia è metodo: l'obbligo a decidere previa discussione tra le parti in causa. (Di modo che, il cosiddetto "voto di fiducia", se diventa "abitudine di governo" fa morire la democrazia).

Abbiamo messo in corsivo il termine "storicamente" a significare che la "saggezza politica" esige che si tenga presente la differenza che vi è tra la fissità dei principi costituenti e la mobilità delle regole esecutive. Per cui sarebbe deleteria stoltezza se, nell'agire politico di una Circoscrizione, ci fosse chi, del proprio punto di vista sulle cose da fare, ne facesse l'obbligo di una scelta che valga "ideologicamente" per tutti. (Questo è quanto impone la Dittatura, non, quanto vuole la Democrazia!).

Assieme a quanto abbiamo appena detto, c'è anche da aggiungere che l'azione politica del rappresentante in Circoscrizione non sarebbe tale se non vi fosse, nelle proprie scelte e nel proprio agire, il confronto con i cittadini rappresentati. Confronto politico intendiamo. Che è tale solo se determinato, sia per gli uni che per gli altri, dal concetto di fondo che caratterizza la Pólis, e cioè: l'autogoverno dei cittadini. Questo significa, come abbiamo spesso detto, che a fondamento dell'agire in

---

"unico parere", privo com'è della ricchezza che proviene dalle differenti possibilità e capacità dei singoli, diventa il monolitico Idolo destinato a cadere perché ha piedi di creta incapaci a sostenerne il peso.

comune, sia per i rappresentanti che per i rappresentati, vi ha da essere la sovranità di potere che ogni cittadino ha perché è-città e, nel nostro caso, perché è-Circoscrizione. Se non si parte dall'essere-città o dall'essere-Circoscrizione, oltre il concetto di "abitare il territorio" non si va, e quindi ci si ferma al "puro amministrare", con tutti i guai di cui abbiamo detto.

Come si vede, il punto da cui partire per realizzare l'Impresa civica "Circoscrizione", è quello di avere di essa una concezione politica (da non ridurre a semplice gestione amministrativa). Ma la concezione politica della Circoscrizione può esserci solo se si parte dal concetto che il cittadino è-Circoscrizione, e questo in virtù del fatto che è-Pólis: "uomo-politico", appunto. È evidente che, qualora il cittadino non ritenga di essere-Pólis, mai potrà pervenire a vedere il proprio Sé come Stato, o Città, o Circoscrizione, e cioè come realtà politica, costituita al contempo da diritti da avere e di doveri da eseguire.

Concludendo

Abbiamo suggerito di considerare la città come un sistema a cinque dimensioni (etica, cultura, politica, economia, diritto)-Dimensioni tenute a sistema da "coerenza di struttura" (l'intero sistema) e "corretto svolgimento della parti" (le cinque dimensioni), in modo che esse siano reciprocamente aperte le une alla altre senza la sopraffazione dell'una sulle altre. (Così come è, oggi, della dimensione economica, che è l'asso pigliatutto).

In conseguenza di una tale concezione sistemico-politica della città, abbiamo sostenuto la necessità di una autoformazione politica che, nell'esercizio attivo dell'impresa civica, dia al cittadino la mentalità e la visione sistemico-politica di sé, della Circoscrizione, della Città, dello Stato. Quanto poi alla realizzazione dell'impresa civica "Circoscrizione", abbiamo (per ragioni di utilità illustrativa) ristretto il campo d'azione al compito di co-autoformazione politica necessaria ai cittadini eletti nel Consiglio della Circoscrizione (puntando sul ruolo di rappresentanza politica che hanno scelto mettendosi in Lista). E, questo, sapendo che né la Famiglia, né la Scuola, né la Chiesa, né il Lavoro, né il Servizio militare si danno pensiero della formazione politica del cittadino. D'altronde, se non sono le Istituzioni politiche a prendersi a cuore la concezione politica della Politica, chi altro dovrebbe farlo, visto che è solo dentro l'esercizio dell'azione politica che il cittadino manifesta ciò che egli "è", ovverosia: la Città (Pólis) di cui è il fondato-fondatore?!